漫画から学ぶ生きる力
医療編

もくじ

タイトル&著者《ちょしゃ》さくいん（五十音順《ごじゅうおんじゅん》）

巻頭特集《かんとうとくしゅう》

小説家《しょうせつか》　知念実希人《ちねんみきと》が語《かた》る!

漫画化《まんがか》もされた人気小説《にんきしょうせつ》『天久鷹央《あめくたかお》の推理《すいり》カルテ』はいかにして作《つく》られたか。

知念実希人《ちねんみきと》

1978年《ねん》生《う》まれ。小説家《しょうせつか》、医師《いし》。沖縄県南城市《おきなわけんなんじょうし》生《う》まれ。東京慈恵会医科大学卒業《とうきょうじけいかいいかだいがくそつぎょう》。日本内科学会認定医《にほんないかがっかいにんていい》。2011年《ねん》に『誰《た》がための刃《やいば》 レゾンデートル』で第四回《だいよんかい》ばらのまち福山《ふくやま》ミステリー文学新人賞《ぶんがくしんじんしょう》を受賞《じゅしょう》。「天久鷹央《あめくたかお》の推理《すいり》カルテ」シリーズ、「死神《しにがみ》」シリーズ、「神酒《みき》クリニックで乾杯《かんぱい》を」シリーズほか代表作《だいひょうさく》多数。

「現役内科医《げんえきないかい》」にして「ミステリー小説家《しょうせつか》」ふたつのプロになったわけとは——。

——知念先生《ちねんせんせい》の小説《しょうせつ》『天久鷹央《あめくたかお》の推理《すいり》カルテ』は漫画化《まんがか》されていますが(8ページ参照《さんしょう》)、最初《さいしょ》から漫画《まんが》になることを前提《ぜんてい》に書《か》かれたのでしょうか。

いえ、まったく。それどころか小説《しょうせつ》自体《じたい》どこで出《だ》すのかも決《き》まっていませんでした。でも子《こ》どものころから小説《しょうせつ》を書《か》こう、小説家《しょうせつか》になろうと思《おも》っていましたから、デビュー前《まえ》からいろいろなものをどんどん書《か》いていました。おもしろい話《はなし》が思《おも》いつけばなんでも書《か》きたいんです。

——でもまずお医者《いしゃ》さんになったんですよね。お医者《いしゃ》さんとして活躍《かつやく》しながら、さらにプロとしてもうひとつ仕事《しごと》を持《も》っているって、すごいことだと思《おも》います。この作品《さくひん》は内科医《ないかい》が主人公《しゅじんこう》の「医療《いりょう》ミステリー」という、ちょっと珍《めずら》しいジャンルかと思《おも》いますが、現役《げんえき》のお医者《いしゃ》さんとしての経験《けいけん》と知識《ちしき》を生《い》かそうということでしょうか。

そうですね。小《ちい》さなときから小説《しょうせつ》が好《す》きだったんです。子《こ》ども向《む》きの世界名作全集《せかいめいさくぜんしゅう》みたいな厚《あつ》い本《ほん》あるじゃないですか? たとえばモーリス・ルブランの『奇巌城《きがんじょう》』とか。衝撃《しょうげき》を受《う》けましたね。こんな面白《おもしろ》いものがあるのかって感《かん》じで。それで小説《しょうせつ》、特《とく》にミステリー小説《しょうせつ》を書《か》きたいと思《おも》ったのですが、ミステリーのトリックのパターンは、すでに出《で》つくしている感《かん》じなので、なにか新《あたら》しいことを考《かんが》えなければと。で、医療《いりょう》の専門知識《せんもんちしき》は生《い》かせるなと思《おも》ったのです。でも、医者《いしゃ》モノの小説《しょうせつ》は珍《めずら》しくはないと思《おも》いますよ。ただ内科《ないか》ではなく、精神科《せいしんか》や外科医《げかい》とかが多《おお》いように思《おも》いますね。外科《げか》の場合《ばあい》、手術《しゅじゅつ》シーンとかドラマチックにストーリーを演出《えんしゅつ》していけるシチュエーションが多《おお》いですが、実際《じっさい》の現場《げんば》でそんなドラマチックなことが毎回起《まいかいお》こっていたら大変《たいへん》ですけどね(笑《わらい》)。内科《ないか》にはそういうイメージはありませんから。

実際《じっさい》、医療《いりょう》ジャンルのコミックの

中《なか》には、診療《しんりょう》の現場《げんば》にいる自分《じぶん》から見《み》ると、これはないでしょうというような演出《えんしゅつ》をされている作品《さくひん》は、実《じつ》に多《おお》いですよね。

——なるほど。医療《いりょう》ミステリーを書《か》くにあたっての、こだわりどころは「リアリティー」ですか。

まず、ジャンルの前《まえ》に小説《しょうせつ》として、わかりやすい表現《ひょうげん》を心《こころ》がけています。たとえば必要《ひつよう》のない文学的《ぶんがくてき》な表現《ひょうげん》やむだな比喩《ひゆ》とかはできるだけ使《つか》わないようにしています。使《つか》って書《か》いてしまった場合《ばあい》でも、後《あと》で読《よ》み返《かえ》して外《はず》したり、別《べつ》の表現《ひょうげん》にきりかえるようにしています。読者《どくしゃ》が自然《しぜん》に情景《じょうけい》を頭《あたま》に浮《う》かべることができるよう、読者《どくしゃ》をおいてきぼりにしないよう意《い》識《しき》していますね。

あと、医療《いりょう》ドラマとして描《えが》かれている以上《いじょう》は、あるていど事実《じじつ》にもとづいた設定《せってい》の中《なか》で、本当《ほんとう》に起《お》こる可能性《かのうせい》のあることでドラマを構成《こうせい》しています。作品中《さくひんちゅう》に出《で》てくる診察《しんさつ》のシーンとか、病室内《びょうしつない》でのやりとりなどの描写《びょうしゃ》も、できるだけ実際《じっさい》の医療《いりょう》現場《げんば》の通《とお》りにしているし、医者《いしゃ》と看《かん》護士《ごし》の会話《かいわ》なども、その具体的《ぐたいてき》な内《ない》容《よう》はともかく、現《げん》場《ば》の雰囲気《ふんいき》とかは現実《げんじつ》の感《かん》じに近《ちか》づけています。物語《ものがたり》を楽《たの》しむとともに、医者《いしゃ》ってこういう仕事《しごと》なんだということが伝《つた》われればと思《おも》います。ですので実際《じっさい》には起《お》きていない医療上《いりょうじょう》の社会問題《しゃかいもんだい》で話《はなし》をもりあげたり、新《しん》種《しゅ》のウィルスとかでトリックを説明《せつめい》してごまかしてしまったりというのはさけています。

ドラマはフィクションですから、どう演出《えんしゅつ》をしてもかまわないですし、事件《じけん》の結末《けつまつ》が新種《しんしゅ》の奇病《きびょう》でもいいですが、あるていどの専門知識《せんもんちしき》を持《も》った読者《どくしゃ》は納得《なっとく》しないでしょう。あと問題提起《もんだいていき》それ自体《じたい》はいいと思《おも》いますが、きちんと調査《ちょうさ》せずに書《か》かれた作《さく》品《ひん》や、実際《じっさい》の医療現場《いりょうげんば》を見《み》ていないことがわかってしまうものもあってこれはどうかと思《おも》います。

——現実《げんじつ》にある法律《ほうりつ》の穴《あな》をつくとか、実際《じっさい》に走《はし》っている電車《でんしゃ》の運行《うんこう》を利用《りよう》するとか、化学的《かがくてき》な薬品《やくひん》の特性《とくせい》で鑑《かん》識《しき》の目《め》をあざむくとかそういうのですね。

そう、例《れい》としては東野圭吾《ひがしのけいご》さんは物理学《ぶつりがく》をドラマに使《つか》われてます。それなら医学《いがく》の専門知識《せんもんちしき》でミステリー

天久鷹央《あめくたかお》の推理カルテ
知念実希人
Chinen Mikito
Ameku Takao's Detective Karte
新潮文庫
nex

『天久鷹央《あめくたかお》の推理《すいり》カルテ』
著《ちょ》：知念実希人《ちねんみきと》　発行《はっこう》：新潮社《しんちょうしゃ》
天医会総合病院《てんいかいそうごうびょういん》に設立《せつりつ》された統括診《とうかつしん》断部《だんぶ》には、各科《かくか》で「診断困難《しんだんこんなん》」と判断《はんだん》された患者《かんじゃ》が集《あつ》められる。河童《かっぱ》に会《あ》った、と語《かた》る少年《しょうねん》。人魂《ひとだま》を見《み》た、とおびえる看護師《かんごし》。天才女医《てんさいじょい》・天久鷹央《あめくたかお》が解《と》き明《あ》かす新感覚《しんかんかく》メディカル・ミステリー。

天久鷹央の推理カルテ
II
ファントムの病棟
The Phantom Ward
知念実希人
Chinen Mikito
Ameku Takao's Detective Karte II
新潮文庫
nex

『天久鷹央《あめくたかお》の推理《すいり》カルテII: ファントムの病棟《びょうとう》』

著《ちょ》：知念実希人《ちねんみきと》　発行《はっこう》：新潮社《しんちょうしゃ》

炭酸飲料《たんさんいんりょう》に毒《どく》が混入《こんにゅう》された、と訴《うった》えるトラック運転手《うんてんしゅ》。夜《よ》な夜《よ》な吸血鬼《きゅうけつき》が現《あらわ》れる、と泣《な》きつく看護師《かんごし》。病室《びょうしつ》に天使《てんし》がいる、と語《かた》る少年《しょうねん》。破天荒《はてんこう》な天才女医《てんさいじょい》・天久鷹央《あめくたかお》が“診断《しんだん》”で解決《かいけつ》する新感覚《しんかんかく》メディカル・ミステリー第《だい》2弾《だん》。

に新規軸《しんきじく》を作《つく》れないかと思《おも》ったわけです。まずなにか不思議《ふしぎ》なできごとが起《お》こり、なんでそんな事件《じけん》が起《お》こるのか知《し》りたいと、読者《どくしゃ》に好奇心《こうきしん》を持《も》ってもらう。スピード感《かん》のあるわかりやすい説明《せつめい》で、謎《なぞ》の魅力《みりょく》をできるだけ映像《えいぞう》が思《おも》い浮《う》かぶように少《すく》ない言葉《ことば》で表現《ひょうげん》する。なんとなく名前《なまえ》くらいは知《し》られている病気《びょうき》とかを紹《しょう》介《かい》しつつ、複雑《ふくざつ》なものに見《み》えていたことが、実《じつ》は単純《たんじゅん》に解明可能《かいめいかのう》なものだったという驚《おどろ》きとともに、すべての真相《しんそう》がわかって読者《どくしゃ》がカタルシスを得《え》られるという感《かん》じで。つまりはミステリーの王道《おうどう》を行《い》くんです。

——主人公《しゅじんこう》、天久鷹央《あめくたかお》は若《わか》い女性《じょせい》のお医者《いしゃ》さんです。とても好奇心《こうきしん》が旺盛《おうせい》で興味《きょうみ》のあることに猪突猛進《ちょとつもうしん》し、天才的《てんさいてき》な集中力《しゅうちゅうりょく》でこと細《こま》かに観察《かんさつ》・分析《ぶんせき》を行《おこな》います。〝人《ひと》の迷惑《めいわく》かえりみず〟というかとても子《こ》どもっぽい性格《せいかく》にみえます。一方《いっぽう》、相棒役《あいぼうやく》の部《ぶ》下《か》の男性《だんせい》、小鳥遊優《たかなしゆう》は若《わか》いのに慎重《しんちょう》で落《お》ち着《つ》いた常識人《じょうしきじん》のようです。

この物語《ものがたり》は、一人称《いちにんしょう》で小鳥遊優《たかなしゆう》から見《み》た形《かたち》になっています。実《じつ》は、小鳥遊優《たかなしゆう》はワトソン役《やく》なんです。彼《かれ》の視点《してん》からシャーロック・ホームズ役《やく》である天久《あめく》先生《せんせい》の天才的《てんさいてき》推理《すいり》を見《み》ていく話《はなし》なんです。でも、ただ天才的《てんさいてき》なだけだと人《にん》間《げん》としてなにか面白《おもしろ》みがないですから、ホームズのごとく、ちょっといびつな性格《せいかく》で一芸《いちげい》に秀《ひい》でている感《かん》じにしています。それがこの作品《さくひん》の発端《ほったん》の構図《こうず》です。小鳥遊優《たかなしゆう》という苗字《みょうじ》は、面白《おもしろ》いと思《おも》って使《つか》いましたが、その小鳥《ことり》と対《つい》になる形《かたち》の鷹《たか》が天久鷹央《あめくたかお》なわけです。沖縄系《おきなわけい》の苗字《みょうじ》で面白《おもしろ》そうなのを持《も》ってきたりもしましたね。

——知念《ちねん》先生《せんせい》は子《こ》どものころから、小説《しょうせつ》を書《か》きたかったそうですが、どうしてまずお医者《いしゃ》さんになったのでしょうか。また、医師《いし》として活躍《かつやく》されながら、さらにプロの小説家《しょうせつか》としてデビューしました。両方《りょうほう》ともなるのがむずかしい職業《しょくぎょう》ですが、それぞれのプロフェッショナルに求《もと》められる違《ちが》いなど、どうお考《かんが》えでしょうか。

うちは代々《だいだい》医者《いしゃ》の家系《かけい》なんです。父《ちち》はもちろん叔父《おじ》も医者《いしゃ》です。父《ちち》のことも尊敬《そんけい》していますし、医者《いしゃ》になるのは「将来《しょうらい》の夢《ゆめ》」とかではなく、もっと現実的《げんじつてき》に自分《じぶん》も「なる」ものでした。それで、家族《かぞく》や親族《しんぞく》たちと同《おな》じように勉強《べんきょう》して大学《だいがく》に行《い》って、研修医《けんしゅうい》になってという道《みち》を進《すす》んでいったんです。27歳《さい》で内科《ないか》の認定《にんてい》医《い》の資格《しかく》を取《と》って、非常勤《ひじょうきん》で複数《ふくすう》の病院《びょういん》に勤《つと》め、空《あ》き時間《じかん》を使《つか》って小説《しょうせつ》を書《か》きためていきました。デビューまでは3～4年《ねん》はかかりました。デビュー直後《ちょくご》までは週《しゅう》に5日《か》くらいは診察《しんさつ》に出《で》ていたんですけれど、だんだん小説《しょうせつ》の仕事《しごと》が忙《いそが》しくなってきて、

今《いま》は実家《じっか》のクリニックを週《しゅう》に1～2日程《かてい》度手伝《どてつだ》っています。

医者《いしゃ》の仕事《しごと》というのは、これまでに積《つ》み重《かさ》ねられてきた症例《しょうれい》など、病状《びょうじょう》に対《たい》する治療法《ちりょうほう》としてマニュアルがしっかりと決《き》められていて、ルーチン通《どお》りにやることで治《なお》せるものがほとんどです。どの症例《しょうれい》に当《あ》てはまるかを正確《せいかく》に見極《みきわ》めることが大事《だいじ》なんです。しかも内科《ないか》についていえば30程度《ていど》、多《おお》くみてもせいぜい50種類《しゅるい》くらいにほとんどの病気《びょうき》があてはまる。ただ一《いっ》生内科医《しょうないかい》をやっていても当《あ》たるかどうかわからない珍《めずら》しい事例《じれい》の疾患《しっかん》に当《あ》たったとき、その患者《かんじゃ》さんを見逃《みのが》しちゃったら元《もと》も子《こ》もない。その患《かん》者《じゃ》さんに大変《たいへん》なことが起《お》こっちゃう。1000人《にん》にひとりの症例《しょうれい》を見落《みお》としてしまうとそのひとりに大変《たいへん》な不《ふ》利益《りえき》を与《あた》えてしまいかねない。それを見逃《みのが》さないことが内科医《ないかい》が外来《がいらい》で初診《しょしん》をするときの心《こころ》がまえですね。マニュアル通《どお》りに、きちんと治療《ちりょう》を実行《じっこう》していくことが現代《げんだい》の医者《いしゃ》の正《ただ》しい仕事《しごと》の姿勢《しせい》なんですが、それを実践《じっせん》できる実力《じつりょく》を培《つちか》っていくことが仕事《しごと》なんです。この点《てん》は内科《ないか》も外科《げか》も同様《どうよう》で、それが一番《いちばん》治療《ちりょう》の成功《せいこう》の確率《かくりつ》が高《たか》いとわかっている時代《じだい》なんです。

ちゃんとした医者《いしゃ》であればだれも

III
密室のパラノイア
Paranoia of the Locked Room
天久鷹央の推理カルテ
知念実希人
Chinen Mikito
Ameku Takao's Detective Karte III
新潮文庫
nex

『天久鷹央《あめくたかお》の推理《すいり》カルテIII: 密室《みっしつ》のパラノイア』
著《ちょ》：知念実希人《ちねんみきと》　発行《はっこう》：新潮社《しんちょうしゃ》
　呪《のろ》いの動画《どうが》によって自殺《じさつ》を図《はか》った女子高生《じょしこうせい》。男性《だんせい》に触《さわ》れられた瞬間《しゅんかん》、肌《はだ》に異常《いじょう》をきたす女性《じょせい》。そして、密室《みっしつ》で溺死《できし》した病院理事長《びょういんりじちょう》の息子《むすこ》……。日常《にちじょう》に潜《ひそ》む驚《おどろ》くべき“病《やまい》”と事件《じけん》の繋《つな》がりを解明《かいめい》する、新感覚《しんかんかく》メディカル・ミステリー第《だい》3弾《だん》。

天久鷹央の推理カルテ
IV
悲恋のシンドローム
Syndrome of the Tragic Love
知念実希人
Chinen Mikito
Ameku Takao's Detective Karte IV
新潮文庫
nex

『天久鷹央《あめくたかお》の推理《すいり》カルテIV: 悲恋《ひれん》のシンドローム』
著《ちょ》：知念実希人《ちねんみきと》　発行《はっこう》：新潮社《しんちょうしゃ》

　天医会総合病院《てんいかいそうごうびょういん》の看護師《かんごし》、相馬若菜《あいばわかな》から友人《ゆうじん》の殺害事件《さつがいじけん》について相談《そうだん》をうけた天久鷹央《あめくたかお》と小鳥遊優《たかなしゆう》。喜《よろこ》び勇《いさ》んで謎《なぞ》の解明《かいめい》にあたる鷹央《たかお》だったが、その過程《かてい》で“事件《じけん》から手《て》を引《ひ》く”と宣言《せんげん》する。驚《おどろ》きのどんでん返《かえ》しと胸《むね》を打《う》つクライマックスが待《ま》つ、メディカル・ミステリー第《だい》4弾《だん》。

が、マニュアル通《どお》りの決《き》められた治療《ちりょう》をおこなっているはずです。一方《いっぽう》で小説家《しょうせつか》は、オリジナルな作品《さくひん》を生《う》み出《だ》していく仕事《しごと》、つまり自分以外《じぶんいがい》のだれにもできない仕事《しごと》なんです。だから、小《ちい》さいころから大好《だいす》きだったミステリーなどを書《か》く仕事《しごと》に自分《じぶん》の人生《じんせい》を使《つか》っていきたいと思《おも》うようになったんです。ボクにしかできないことなら、全力《ぜんりょく》を出《だ》しきる、必死《ひっし》になってがんばれる。そう思《おも》ったんです。しあわせなことに、小説《しょうせつ》のお仕事《しごと》も忙《いそが》しくなってきましたが、医《い》者《しゃ》としても父《ちち》の仕事《しごと》の手伝《てつだ》いだけは続《つづ》けていきたいと思《おも》っています。そういった意味《いみ》では僕《ぼく》はずいぶん幸運《こううん》でしたね。

——ところで、『天久鷹央《あめくたかお》の推理《すいり》カルテ』を漫画化《まんがか》するにあたってキャラクターデザインやその他《た》の絵《え》について細《こま》かい指定《してい》などはおこなったのでしょうか。

　いえ、自由《じゆう》に描《えが》いてもらいました。ちゃんと読《よ》みこんでもらえていて、もう一発《いっぱつ》で完璧《かんぺき》でした。指定《してい》を入《い》れたのは細《こま》かい医学的《いがくてき》なことぐらいですね。ぼくはもともと小説《しょうせつ》だけでなく漫画《まんが》も好《す》きでした。『寄生獣《きせいじゅう》』とか『うしおととら』とかドラマ構成的《こうせいてき》に最後《さいご》にストーリーの流《なが》れがまとまっていくところなど、勉強《べんきょう》になりました。

——天久鷹央《あめくたかお》先生《せんせい》は運動《うんどう》オンチで、ちょっとカワイイですが、小鳥遊優《たかなしゆう》助手《じょしゅ》は空手《からて》が得意《とくい》という設定《せってい》で格闘担当《かくとうたんとう》ですよね。

　私《わたし》は総合格闘技《そうごうかくとうぎ》やブラジリアン柔術《じゅうじゅつ》をやっています。もともと体《からだ》を動《うご》かすのが好《す》きなんです。小鳥遊優《たかなしゆう》＝ワトソンの行動《こうどう》や考《かんが》え方《かた》は読者《どくしゃ》が共感《きょうかん》しやすいよう常識的《じょうしきてき》な性格《せいかく》にして、鷹央《たかお》＝ホームズは、ちょっと不思議《ふしぎ》な女《おんな》の子《こ》で弱点《じゃくてん》だらけで本人《ほんにん》もそれを自覚《じかく》して苦《くる》しんでるという感《かん》じです。わかりやすい人物配置《じんぶつはいち》を意識《いしき》しつつ、医療現場《いりょうげんば》を楽《たの》しく知《し》らせる作品《さくひん》になればと思《おも》っています。

——今後《こんご》、書《か》きたい方向《ほうこう》とかありますか？

　読書《どくしょ》が楽《たの》しめるなら、いろいろなジャンルの作品《さくひん》を書《か》いてみたいですね。

——楽《たの》しみにしています。本日《ほんじつ》はありがとうございました。

「その謎《なぞ》 私《わたし》が診《しん》断《だん》してやろう」

空気《くうき》を読《よ》めない天久先生《あめくせんせい》と常識人《じょうしきじん》の小鳥遊助手《たかなしじょしゅ》が産《う》み出《だ》す『生《い》きる力《ちから》』とは

天医会総合病院《てんいかいそうごうびょういん》の総括診断部《そうかつしんだんぶ》は、天久鷹《あめくたか》央《お》の天才性《てんさいせい》を最大限《さいだいげん》、患者《かんじゃ》の診断《しんだん》に役立《やくだ》てるために設立《せつりつ》された部署《ぶしょ》だけに、天久《あめく》の診断能力《しんだんのうりょく》をいかんなく発揮《はっき》させるために、高《たか》い自由度《じゆうど》を天久《あめく》に持《も》たせていました。

ある日助手《ひじょしゅ》の小鳥遊《たかなし》が、総括診断部《そうかつしんだんぶ》は探《たん》偵事務所《ていじむしょ》じゃない、とグチる案件《あんけん》がおきます。少年《しょうねん》が公園《こうえん》の池《いけ》からはい出《で》てくる河童《かっぱ》を見《み》た、と病院《びょういん》に相談《そうだん》に来《き》たのです。案《あん》の定《じょう》、天久《あめく》は興味《きょうみ》を持《も》ち、「その謎《なぞ》 私《わたし》が診断《しんだん》してやろう」と言《い》うと、すぐに目撃現場《もくげきげんば》の池《いけ》に行《い》き、河童《かっぱ》の存在《そんざい》を否定《ひてい》して本気《ほんき》にしない小鳥遊《たかなし》に「ろくに検証《けんしょう》もしないまま軽々《かるがる》しく自分《じぶん》で答《こた》えを出《だ》すな」とさとします。

常識《じょうしき》にとらわれてしまうと、物事《ものごと》の表面《ひょうめん》的《てき》なことしか追《お》うことができず、かくれた

▶不思議《ふしぎ》な事件《じけん》がおきれば、病院《びょういん》の外《そと》だろと「診断《しんだん》」にかけつける。

作品紹介《さくひんしょうかい》

『天久鷹央《あめくたかお》の推理《すいり》カルテ』

原作《げんさく》：知念実希人《ちねんみきと》　漫画《まんが》：緒原博綺《おはらひろき》
キャラクター原案《げんあん》：いとうのいぢ　発行《はっこう》：新潮社《しんちょうしゃ》

天医会総合病院《てんいかいそうごうびょういん》に勤務《きんむ》する総括診断部部長《そうかつしんだんぶぶちょう》天久鷹央《あめくたかお》は、世間《せけん》からみればかわった医者《いしゃ》でかたよった天才内科医《てんさいないかい》です。彼女《かのじょ》は内科医《ないかい》として見習《みなら》い研修中《けんしゅうちゅう》の小鳥遊優《たかなしゆう》を助手《じょしゅ》に病院《びょういん》の内外《ないがい》に起《お》こる奇妙《きみょう》な事件《じけん》を医者《いしゃ》の診察《しんさつ》の力《ちから》で解決《かいけつ》していきます。

超人的《ちょうじんてき》な分析能力《ぶんせきのうりょく》と常人離《じょうじんばな》れした精神構造《せいしんこうぞう》を持《も》つ天久《あめく》の診断《しんだん》で事件《じけん》を解決《かいけつ》していく医療《いりょう》ミステリー漫画《まんが》。

アスペルガー症候群《しょうこうぐん》

コミュニケーション、興味《きょうみ》の持《も》ち方《かた》等《など》で特異性《とくいせい》が認《みと》められる一種《いっしゅ》の発達障害《はったつしょうがい》。例《たと》えばある特定《とくてい》の分野《ぶんや》に対《たい》しての強《つよ》いこだわりを示《しめ》すとか、運動機能《うんどうきのう》に軽度《けいど》の障害《しょうがい》が見《み》られたりする。日本《にほん》では、アスペルガー症候群《しょうこうぐん》、自閉症《じへいしょう》、学習障害《がくしゅうしょうがい》、ADHDといった発達障害《はったつしょうがい》の子《こ》どもに対《たい》して個々《ここ》のニーズに合《あ》わせて支援《しえん》するシステムが出来《でき》つつあり、特別支援教育《とくべつしえんきょういく》（特別支援学級《とくべつしえんがっきゅう》）などの取《と》り組《く》みがあります。

本質《ほんしつ》、真実《しんじつ》を見失《みうしな》ってしまうこともあるのです。天久《あめく》は普通《ふつう》の大人《おとな》が本気《ほんき》にしないような、子《こ》どもの証言《しょうげん》を真剣《しんけん》に受《う》け止《と》め、その結果《けっか》、河童《かっぱ》の意外《いがい》な正体《しょうたい》を発見《はっけん》することができたのです。

天久《あめく》は、自分《じぶん》がバランスを欠《か》いた気質《きしつ》、いわゆるアスペルガー症候群《しょうこうぐん》であると認《みと》めています。科学的問題《かがくてきもんだい》を解《と》くことに関《かん》しては天才《てんさい》だが倫理的問題《りんりてきもんだい》には無力《むりょく》であり、倫理《りんり》とは社《しゃ》会《かい》の空気《くうき》が決めることなので、自分《じぶん》にはその「空気《くうき》を読《よ》む」能力《のうりょく》が欠《か》けていると言《い》います。

一方《いっぽう》で、空気《くうき》を読《よ》まずにこだわりぬくことで生《う》まれる集中力《しゅうちゅうりょく》、好奇心《こうきしん》、芸術的《げいじゅつてき》センス、記《き》憶能力《おくのうりょく》、計算能力《けいさんのうりょく》、そして天才的《てんさいてき》な観察力《かんさつりょく》、分析力《ぶんせきりょく》、洞察力《どうさつりょく》が発揮《はっき》されます。天久《あめく》のかたよった能力《のうりょく》と気質《きしつ》は彼女《かのじょ》の欠点《けってん》ではなく、個《こ》性《せい》なのです。マイペースな天久《あめく》を支《ささ》える、バランス感覚《かんかく》に優《すぐ》れたコミュニケーション能力《のうりょく》を持《も》つ小鳥遊優《たかなしゆう》と、病院《びょういん》の横断的《おうだんてき》システムが天久鷹央先生《あめくたかおせんせい》の力《ちから》を最大限《さいだいげん》に引《ひ》き出《だ》し、結果《けっか》として多《おお》くの患者《かんじゃ》たちに生《い》きる力《ちから》を与《あた》えているのです。

天久先生《あめくせんせい》と小鳥遊助手《たかなしじょしゅ》の例《れい》のように人間《にんげん》の持《も》っている個性《こせい》である長所《ちょうしょ》と短所《たんしょ》を合《あ》わせ、相互《そうご》に補《おぎな》い合《あ》うことで、人《ひと》のすぐれた能力《のうりょく》は発揮《はっき》されるのです。

▶かつぎこまれた救急患者《きゅうきゅうかんじゃ》の仮病《けびょう》をみごとに見《み》ぬいた天久先生《あめくせんせい》。若《わか》い看護師《かんごし》たちがあこがれる病院《びょういん》のヒーローの正体《しょうたい》は……。

著者《ちょしゃ》プロフィール

原作《げんさく》：知念実希人《ちねんみきと》

1978年生《ねんう》まれ。小説家《しょうせつか》、医師《いし》。沖縄県南城市生《おきなわけんなんじょうしう》まれ。東京慈恵会医科大学卒業《とうきょうじけいかいいかだいがくそつぎょう》。「天久鷹央《あめくたかお》の推理《すいり》カルテ」シリーズ、「死神《しにがみ》」シリーズ、「神酒《みき》クリニックで乾《かん》杯《ぱい》」シリーズほか代表作多数《だいひょうさくたすう》。

漫画《まんが》：緒原博綺《おはらひろき》

漫画家《まんがか》。代表作《だいひょうさく》には、コミカライズ版《ばん》『天久鷹央《あめくたかお》の推理《すいり》カルテ』『ガールズ&パンツァー コミックアンソロジー Side：継続高校《けいぞくこうこう》』『ガールズ&パンツァー コミックアンソロジー Side：知波単学園《ちはたんがくえん》』などがある。

キャラクター原案《げんあん》：いとうのいぢ

1977年生《ねんう》まれ。ゲームクリエイター、グラフィッカー、原画家《げんがか》、イラストレーター。アニメ参加作品《さんかさくひん》は『Another』（キャラクター原案《げんあん》）、『劇場版《げきじょうばん》 とある魔《ま》術《じゅつ》の禁書目録《インデックス》 -エンデュミオンの奇蹟《きせき》-』（衣装《いしょう》デザイン協力《きょうりょく》）、『コンクリート・レボルティオ～超人幻想《ちょうじんげんそう》～』（キャラクター原案《げんあん》・コンセプトデザイン）など。画集《がしゅう》『いとうのいぢ画集《がしゅう》 紅蓮《ぐれん》 -ぐれん-』ほか多数《たすう》。『天久鷹《あめくたか》央《お》の推理《すいり》カルテ』ではイラストを担当《たんとう》。

「それでもわたしは人《ひと》を治《なお》すんだっ自分《じぶん》が生《い》きるために!!」

ドクター・キリコ、また人《ひと》を殺《ころ》すんだな？

ブラック・ジャックは、ふたりの兄妹《きょうだい》から助《たす》けを求《もと》められます。交通事故《こうつうじこ》で背骨《せぼね》を痛《いた》め、一生《いっしょう》ベットの上《うえ》で寝返《ねがえ》りもうてないとまわりの医者《いしゃ》たちに宣告《せんこく》を受《う》けた寝《ね》たきりの母《はは》を手術《しゅじゅつ》で助《たす》けてほしいというのでした。

ふたりは自分《じぶん》たちがバイトでかせいだ100万円《まんえん》をブラック・ジャックにわたし、母《はは》を手術《しゅじゅつ》して助《たす》けてほしいとたのみます。同《おな》じころ、兄弟《きょうだい》の母《はは》は自分《じぶん》で病室《びょうしつ》に呼《よ》んだドクター・キリコに100万円《まんえん》をわたし、安楽死《あんらくし》させてほしいと彼《かれ》にたのむのです。

それから2日後《かご》の夜《よる》、ドクター・キリコが彼女《かのじょ》の病室《びょうしつ》を訪《おとず》れます。ドクター・キリコは彼女《かのじょ》の頭《あたま》に電極《でんきょく》を当《あ》て、超音波《ちょうおんぱ》で安楽死《あんらくし》させる手順《てじゅん》を説明《せつめい》し始《はじ》めます。作業《さぎょう》が始《はじ》まっ

◀ブラック・ジャックは、キリコに対《たい》してだけでなく、天《てん》に向《む》かって自分《じぶん》の医術《いじゅつ》の道《みち》の正《ただ》しさを叫《さけ》びます。

たまさにそのとき、病室《びょうしつ》にブラック・ジャックが飛《と》びこんできて、キリコの作業《さぎょう》を止《と》め、彼《かれ》を部屋《へや》から追《お》い出《だ》します。

ブラック・ジャックはキリコに言《い》います。子《こ》どもたちがわたした100万円《まんえん》は、母親《ははおや》を助《たす》けたら自分《じぶん》がもらう。しかし手術《しゅじゅつ》に失敗《しっぱい》したらキリコが持《も》っていけばいいと。

そしてブラック・ジャックによる手術《しゅじゅつ》が始《はじ》まりました。子《こ》どもたちは神様《かみさま》に「神様《かみさま》……ママを助《たす》けてください。お救《すく》いください」と願《ねが》います。それに対《たい》して、キリコは「神《かみ》だってむりに救《すく》うつもりはないよ」と冷《つめ》たい言葉《ことば》を投《な》げます。

難《むずか》しい手術《しゅじゅつ》はなんとか成功《せいこう》し、母親《ははおや》は助《たす》かりました。そして病院《びょういん》を出《で》たブラック・ジャックにキリコが言《い》います。「生《い》き物《もの》は死《し》ぬときには自然《しぜん》に死《し》ぬもんだ……それを人間《にんげん》だけが無理《むり》に生《い》きさせようとする」それにブラック・ジャックは無言《むごん》で答《こた》えません。

そんなふたりのところに病院《びょういん》の医師《いし》が駆《か》けつけます。手術《しゅじゅつ》が成功《せいこう》した母親《ははおや》とふたりの子《こ》どもを乗《の》せた病院車《びょういんしゃ》にトラックが衝突《しょうとつ》する交通事故《こうつうじこ》がおき、3人《にん》が死《し》んだと知《し》らされます。

ブラック・ジャックは言《い》います。

「ちくしょう!!」「それでもわたしは人《ひと》を治《なお》すんだっ　自分《じぶん》が生《い》きるために!!」

キリコは、そのブラック・ジャックの言葉《ことば》に答《こた》えず、黙《だま》ってその場《ば》を去《さ》っていきます。

ブラック・ジャックは、手術《しゅじゅつ》では人《ひと》の命《いのち》を救《すく》うことができても、その先《さき》に待《ま》ち受《う》けている不慮《ふりょ》の死《し》まではどうすることもできませんでした。それでもブラック・ジャックは、人《ひと》の命《いのち》を一時《いっとき》でも救《すく》えたことに後悔《こうかい》はありませんでした。

安楽死《あんらくし》とは?

苦痛《くつう》を与《あた》えずに死《し》に至《いた》らせること。日本《にほん》では法律《ほうりつ》で安楽死《あんらくし》は認《みと》められていません。他人《たにん》が安楽死《あんらくし》をさせると刑法上《けいほうじょう》は殺人罪《さつじんざい》に問《と》われます。安楽死《あんらくし》が認《みと》められている国《くに》はスイス、オランダ、カナダ等《など》数《すう》か国《こく》とアメリカのいくつかの州《しゅう》です。日本《にほん》でも本人《ほんにん》の意思《いし》を確認《かくにん》したうえでの安楽死《あんらくし》を認《みと》めるべきという声《こえ》はあがってきています。

作品《さくひん》紹介《しょうかい》　『ブラック・ジャック　ふたりの黒《くろ》い医者《いしゃ》』

著《ちょ》：手塚治虫《てづかおさむ》　発行《はっこう》：秋田書店《あきたしょてん》

無免許医《むめんきょい》でありながら、高額《こうがく》な手術代《しゅじゅつだい》を患者《かんじゃ》に請求《せいきゅう》し、自分《じぶん》の信《しん》じる医術《いじゅつ》の道《みち》を生《い》きるブラック・ジャック。作品中《さくひんちゅう》でその対極《たいきょく》となる存在《そんざい》が、ドクター・キリコである。彼《かれ》は助《たす》かる見《み》こみのない不治《ふじ》の病《やまい》に苦《くる》しむ患者《かんじゃ》を安楽死《あんらくし》させることを生業《なりわい》としていた。本作《ほんさく》はそんなふたりが、重症患者《じゅうしょうかんじゃ》をはさんで対決《たいけつ》するエピソード。

著者《ちょしゃ》プロフィール

手塚治虫《てづかおさむ》

1928年《ねん》(昭和《しょうわ》3年《ねん》)生《う》まれ。虫《むし》プロダクションを設立《せつりつ》し日本初《にほんはつ》、テレビアニメシリーズ『鉄腕《てつわん》アトム』を制作《せいさく》、発表《はっぴょう》。『ブラック・ジャック』『三《みっ》つ目《め》がとおる』『ブッダ』他《ほか》、多数《たすう》の名作《めいさく》を執筆《しっぴつ》。また青年《せいねん》コミック誌上《しじょう》でも傑作《けっさく》を多数発表《たすうはっぴょう》、『陽《ひ》だまりの樹《き》』『アドルフに告《つ》ぐ』などを残《のこ》す。デビューから死去《しきょ》まで常《つね》に第一線《だいいっせん》で作品《さくひん》を発表《はっぴょう》し、「マンガの神様《かみさま》」と言《い》われた。

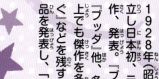

「切《き》る必要《ひつよう》はない！それが俺《おれ》の診断《しんだん》だ。」

患者《かんじゃ》を第一《だいいち》に考《かんが》えた 内科《ないか》と外科《げか》の決断《けつだん》とは？

明真大学付属病院《めいしんだいがくふぞくびょういん》に心臓外科医《しんぞうげかい》として配属《はいぞく》された朝田龍太郎《あさだりゅうたろう》は、循環器内科《じゅんかんきないか》の医師《いし》・藤吉圭介《ふじよしけいすけ》と出会《であ》います。彼《かれ》は内科《ないか》の人間《にんげん》として、外科《げか》のように手術《しゅじゅつ》で病根《びょうこん》を切除《せつじょ》して患者《かんじゃ》を助《たす》けるような医療《いりょう》の考《かんが》え方《かた》をあまり良《よ》しとはしていませんでした。できるなら患者《かんじゃ》の負担《ふたん》、リスクを最小限《さいしょうげん》にしたいと考《かんが》えていたのです。

その藤吉《ふじよし》は、心臓病《しんぞうびょう》をわずらった自分《じぶん》の娘《むすめ》を勤《つと》めている総合病院《そうごうびょういん》に入院《にゅういん》させていました。心臓外科《しんぞうげか》の医師《いし》たちからは、手術《しゅじゅつ》すべきだと告《つ》げられた藤吉《ふじよし》でしたが、なんとか手術《しゅじゅつ》をせずに、娘《むすめ》を治《なお》したいと思《おも》い、手《しゅ》術《じゅつ》をすることをこばんでいました。

思《おも》いつめた藤吉《ふじよし》が、娘《むすめ》を連《つ》れて病院《びょういん》から出《で》ていこうとしたとき、藤吉《ふじよし》は路上《ろじょう》で心臓発作《しんぞうほっさ》をおこしてしまいます。朝田《あさだ》が駆《か》けよったとき、彼《かれ》はすでに心停止《しんていし》の状態《じょうたい》でした。朝田《あさだ》は路上《ろじょう》で車《くるま》のバッテリーを使《つか》って電気《でんき》ショックによる心臓《しんぞう》マッサージという緊急《きんきゅう》の処置《しょち》をおこない、彼《かれ》の一命《いちめい》を助《たす》けます。

そのこともあって藤《ふじ》吉《よし》は、朝田《あさだ》の外科《げか》としての力《ちから》と判断力《はんだんりょく》を認《みと》め、彼《かれ》の人間性《にんげんせい》を受《う》け入《い》れたのです。そして、藤吉《ふじよし》は朝田《あさだ》に娘《むすめ》の執刀《しっとう》をまかせようと決《けつ》意《い》を固《かた》めるのでした。

朝田《あさだ》にそのことを伝《つた》えると、意外《いがい》にも朝田《あさだ》は、彼《かれ》の娘《むすめ》には手術《しゅじゅつ》をする必要《ひつよう》はないと答《こた》えたのです。助教授《じょきょうじゅ》の加《か》藤《とう》も同《おな》じ判断《はんだん》でした。

その理由《りゆう》は、内科的《ないかてき》フォローをすれば、い

▶藤吉《ふじよし》は朝田龍太郎《あさだりゅうたろう》が、自分《じぶん》の娘《むすめ》の心臓手術《しんぞうしゅじゅつ》を望《のぞ》んでいると思《おも》いこんでいました。その彼《かれ》から手術《しゅじゅつ》の必要《ひつよう》はないと告《つ》げられ、愕然《がくぜん》とします。

医龍《いりゅう》

ずれ成長《せいちょう》とともに血流《けつりゅう》の流《なが》れはふさがっていくことが予測《よそく》できたからでした。

医局《いきょく》の都合《つごう》で外科《げか》手術《しゅじゅつ》をおこなうべきという判断《はんだん》がなされたとしても、きちんとした診断《しんだん》の上《うえ》で、医局《いきょく》の都合《つごう》をはねつけて手《しゅ》術《じゅつ》をしないという選択肢《せんたくし》を選《えら》ぶことができる判断力《はんだんりょく》を朝田《あさだ》や加藤《かとう》は持《も》っていたのです。

体力《たいりょく》のない小《ちい》さな子《こ》どもにとって、リスクの大《おお》きい心臓《しんぞう》の手術《しゅじゅつ》を避《さ》けることができるなら、避《さ》けたほうが良《よ》い。それを朝田《あさだ》ははっきりと藤吉《ふじよし》に告《つ》げます。

「切《き》る必要《ひつよう》はない！　それが俺《おれ》の診断《しんだん》だ。」

藤吉《ふじよし》と朝田《あさだ》、患者《かんじゃ》に真摯《しんし》に向《む》き合《あ》うふたりの内科《ないか》と外科《げか》の医《い》者《しゃ》が、期《き》せずして同《おな》じ診断《しんだん》をくだした瞬間《しゅんかん》でした。

内科《ないか》

一般的《いっぱんてき》に、初期診療《しょきしんりょう》は内科《ないか》の分担《ぶんたん》です。内《ない》科《か》では風邪《かぜ》、外傷《がいしょう》から内臓《ないぞう》の疾患《しっかん》、生活習《せいかつしゅう》慣病《かんびょう》（脂肪《しぼう》異常症《いじょうしょう》、糖尿病《とうにょうびょう》、がん）など、耳《じ》鼻咽喉科《びいんこうか》の分担《ぶんたん》以外《いがい》はまず内科《ないか》で診療《しんりょう》を受《う》けます。そのため循環器《じゅんかんき》、消化器《しょうかき》、呼吸器《こきゅうき》他《ほか》、診察《しんさつ》しないといけない器官《きかん》は多《おお》いです。

食事療法《しょくじりょうほう》や運動療法《うんどうりょうほう》を取《と》り入《い》れ、指導《しどう》もおこないます。時《とき》には、在宅《ざいたく》医療《いりょう》にも関《かか》わります。外科《げか》が手術《しゅじゅつ》で早《はや》く治《なお》すのに対《たい》し、内科《ないか》の場合《ばあい》は、薬《くすり》や指導《しどう》でしっかりと時間《じかん》をかけます。

作品《さくひん》紹介《しょうかい》

『医龍《いりゅう》』
漫画《まんが》：乃木坂太郎《のぎざかたろう》　原案《げんあん》：永井《ながい》 明《あきら》　発行《はっこう》：小学館《しょうがくかん》

明真大学《めいしんだいがく》付属病院《ふぞくびょういん》の助教授《じょきょうじゅ》加藤晶《かとうあきら》は、アメリカ某国《ぼうこく》の難《なん》民《みん》キャンプで見《み》た理想的《りそうてき》な医療《いりょう》チーム「医龍《いりゅう》」のリーダーだった朝田龍太郎《あさだりゅうたろう》に惹《ひ》かれ、日本《にほん》に戻《もど》ってきた彼《かれ》を自分《じぶん》のいる病院《びょういん》に呼《よ》び寄《よ》せた。朝田《あさだ》にチーム「バチスタ」を作《つく》らせ、そのチームによる心臓《しんぞう》のバチスタ手術《しゅじゅつ》の成功《せいこう》をもくろんでいた。彼女《かのじょ》は、その実績《じっせき》から医局《いきょく》での自身《じしん》の地位《ちい》を向上《こうじょう》し病院《びょういん》を変《か》えていこうと考《かんが》えていたのである。

胸部《きょうぶ》心臓外科《しんぞうげか》に配属《はいぞく》された朝田《あさだ》は、次々《つぎつぎ》と難《むずか》しい外科手《げかしゅ》術《じゅつ》を成功《せいこう》させ、その勤務《きんむ》の中《なか》でチーム「バチスタ」の適材《てきざい》者《しゃ》を集《あつ》めていく。

著者《ちょしゃ》プロフィール

漫画《まんが》：乃木坂太郎《のぎざかたろう》
1968年《ねん》生《う》まれ。『医龍《いりゅう》』で小学館《しょうがくかん》漫画賞《まんがしょう》青年《せいねん》向《む》け部《ぶ》門賞《もんしょう》受賞《じゅしょう》。代表作《だいひょうさく》には『幽麗塔《ゆうれいとう》』『第《だい》3のギデオン』などがある。

原案《げんあん》：永井明《ながいあきら》
1947年《ねん》生《う》まれ。2004年《ねん》死去《しきょ》。医師《いし》、作家《さっか》、医《い》療《りょう》ジャーナリスト。神奈川県立病院《かながわけんりつびょういん》で内科医長《ないかいちょう》まで務《つと》める。医学博士《いがくはくし》。著作多数《ちょさくたすう》。

「救《すく》える命《いのち》を放《ほう》っておく事《こと》など出《で》来《き》ない わたしは医《い》師《し》として生《い》きてゆく」

仁《じん》はとっさの判断《はんだん》で、子《こ》どものののどの緊急切開手術《きんきゅうせっかいしゅじゅつ》を決断《けつだん》する。

仁《じん》はお世話《せわ》になっている橘家《たちばなけ》の娘《むすめ》、橘咲《たちばなさき》に連《つ》れられて、江戸《えど》の町《まち》を見物《げんぶつ》に行《い》きました。そのとき、混雑《こんざつ》している街頭《がいとう》で、孫《まご》がモチ菓子《かし》をのどにつまらせたと、周囲《しゅうい》に助《たす》けを求《もと》める商家《しょうか》の老人《ろうじん》に遭遇《そうぐう》します。

仁《じん》は、医者《いしゃ》だと名《な》のり、子《こ》どもをかかえて背中《せなか》をたたくなどのハイムリッヒ法《ほう》※を施《ほどこ》しますが異物《いぶつ》はのどから出《で》てきません。窒《ちっ》息《そく》で脳《のう》に酸素《さんそ》、血液《けつえき》がまわらなくなると蘇《そ》生《せい》がむずかしくなると思《おも》った仁《じん》は、医者《いしゃ》としてのとっさの判断《はんだん》から、江戸《えど》の大通《おおどお》りで切開手術《せっかいしゅじゅつ》を決心《けっしん》します。

当時《とうじ》の世界《せかい》は医学《いがく》が発達《はったつ》しておらず、周《しゅう》囲《い》に集《あつ》まった人々《ひとびと》は何《なに》がおこったのかと、

◀仁《じん》は自分《じぶん》の使命《しめい》をまっとうできた満足感《まんぞくかん》と、歴史《れきし》の流《なが》れに対《たい》する不安《ふあん》感《かん》をかみしめた。

医者《いしゃ》を名《な》のる仁《じん》の行動《こうどう》を不安《ふあん》そうに遠《とお》まきに見守《みまも》っているだけでした。

仁《じん》は近《ちか》くにいた武士《ぶし》から小刀《こがたな》を借《か》りて、それを消毒《しょうどく》します。咲《さき》を看護助手《かんごじょしゅ》に使《つか》って意識《いしき》を失《な》くしている子《こ》どものどを気管《きかん》にとどくまで切開《せっかい》します。そこに彼《かれ》が現代《げんだい》から持《も》ちこんだボールペンの軸《じく》を差《さ》しこみ気《き》道《どう》を確保《かくほ》します。呼吸《こきゅう》が停止《ていし》していたので、とっさに空気《くうき》を管《くだ》から吹《ふ》きこんで子《こ》どもの呼吸《こきゅう》を再開《さいかい》させます。

続《つづ》いて、気道《きどう》を確保《かくほ》した状態《じょうたい》でハイムリッヒ法《ほう》を再開《さいかい》し、子《こ》どもがモチ菓子《かし》をはき出《だ》すまでそれをくりかえします。ついに子《こ》どもはモチ菓子《がし》をはき出《だ》します。街頭《がいとう》に集《あつ》まった江戸《えど》の町民《ちょうみん》たちから歓声《かんせい》が上《あ》がりました。

しかしそれで助《たす》かったわけではありません。切開《せっかい》したのどを縫合《ほうごう》しなければなりません。仁《じん》は現代《げんだい》からもってきた緊急医療《きんきゅういりょう》パックの手術道具《しゅじゅつどうぐ》を使《つか》い、縫合《ほうごう》の手術《しゅじゅつ》を終《お》わらせます。子《こ》どもの家族《かぞく》たちは、死《し》んだと思《おも》った子《こ》どもを助《たす》けてくれた仁《じん》に感謝《かんしゃ》の気持《きも》ちを伝《つた》えるのでした。

そのとき、仁《じん》は医者《いしゃ》としてできることをやったという満足感《まんぞくかん》と、この時代《じだい》では不可能《ふかのう》な外科手術《げかしゅじゅつ》で子《こ》どもの命《いのち》を助《たす》けたことによって、歴史《れきし》の流《なが》れに改変《かいへん》を加《くわ》えてしまったことに対《たい》する不安《ふあん》が交錯《こうさく》します。けれども、仁《じん》は思《おも》うのです。自分《じぶん》は医者《いしゃ》なのだから「救《すく》える命《いのち》を放《ほう》っておくことなど出来《でき》ない　わたしは医者《いしゃ》として生《い》きてゆく　それが…わたしをこの時代《じだい》に送《おく》った神《かみ》の意志《いし》だと思《おも》う」と。

文久《ぶんきゅう》２年《ねん》ってどんな時代《じだい》？

文久《ぶんきゅう》2年《ねん》から明治維新《めいじいしん》までは6年《ねん》しかありません。この時代《じだい》は大《おお》きな歴史《れきし》の転換期《てんかんき》でした。ヨーロッパやアメリカの貿易船《ぼうえきせん》が交易《こうえき》を求《もと》め日本《にほん》にたくさんやってきました。

それと同時《どうじ》に麻疹《はしか》、コレラなどの流行《はや》り病《やまい》が長崎《ながさき》から江戸《えど》の間《あいだ》で何度《なんど》も大流行《だいりゅうこう》し、何十万人《なんじゅうまんにん》の人々《ひとびと》がそのたびに命《いのち》を落《お》としていった時代《じだい》でした。他《ほか》にも作品中《さくひんちゅう》では梅毒《ばいどく》という感染性《かんせんせい》が高《たか》い病《やまい》が人々《ひとびと》を苦《くる》しめていた様《さま》が描《えが》かれています。医学《いがく》の発達《はったつ》が待《ま》ち望《のぞ》まれていた時代《じだい》でもありました。

著者《ちょしゃ》プロフィール

村上《むらかみ》もとか

1951年《ねん》生《う》まれ。『岳人列伝《クライマーれつでん》』で第《だい》6回《かい》講談社《こうだんしゃ》漫画賞《まんがしょう》少年部門《しょうねんぶもん》を受賞《じゅしょう》。『六三四《むさし》の剣《けん》』で第《だい》29回《かい》小学館《しょうがくかん》漫画賞《まんがしょう》少年部門《しょうねんぶもん》を受賞《じゅしょう》。『龍《ろん》-RON-』で第《だい》41回《かい》小学館《しょうがくかん》漫画賞《まんがしょう》青年一般部門《せいねんいっぱんぶもん》、第《だい》2回《かい》文化庁《ぶんかちょう》メディア芸術祭《げいじゅつさい》マンガ部《ぶ》門《もん》優秀賞《ゆうしゅうしょう》を受賞《じゅしょう》。『JIN-仁《じん》-』で第《だい》15回《かい》手塚治虫《てづかおさむ》文化《ぶんか》賞《しょう》マンガ大賞《たいしょう》を受賞《じゅしょう》した。『フイチン再見《ツァイチェン》!』で第《だい》43回《かい》日本《にほん》漫画家《まんがか》協会賞《きょうかいしょう》優秀賞《ゆうしゅうしょう》を受賞《じゅしょう》。

作品《さくひん》紹介《しょうかい》

『JIN —仁《じん》—』
著《ちょ》：村上《むらかみ》もとか　発行《はっこう》：集英社《しゅうえいしゃ》

東都大学《とうとだいがく》附属病院《ふぞくびょういん》脳外科《のうげか》医局長《いきょくちょう》の南方仁《みなかたじん》は患者《かんじゃ》を助《たす》けようとして、あやまって病院《びょういん》の階《かい》段《だん》から落《お》ちてしまう。そして、気《き》がつくと、そこは文久《ぶんきゅう》２年《ねん》の江戸《えど》だった。

仁《じん》は、そこで成《な》り行《ゆ》きから頭《あたま》を刀《かたな》で負傷《ふしょう》した武士《ぶし》橘恭太郎《たちばなきょうたろう》の手術《しゅじゅつ》をおこない、彼《かれ》の命《いのち》を助《たす》けた。その縁《えん》から、橘家《たちばなけ》に住《す》み江戸《えど》の町《まち》のけが人《にん》や流行《はや》り病《やまい》で苦《くる》しんでいる人々《ひとびと》のために、現代《げんだい》の医学知識《いがくちしき》をもとに、(当時《とうじ》とすれば)数々《かずかず》の奇跡《きせき》の治療《ちりょう》をおこなっていく。

※ハイムリッヒ法《ほう》：食《た》べ物《もの》や異物《いぶつ》をあやまって喉《のど》に詰《つ》まらせたときに、それを出《だ》し窒息《ちっそく》を避《さ》ける応急処置法《おうきゅうしょちほう》。

「判《はん》決《けつ》は死《し》刑《けい》だ。ただし、無《む》期《き》限《げん》の執《しっ》行《こう》猶《ゆう》予《よ》をつけることにした。」

ぼくが記事《きじ》にある女子高生《じょしこうせい》を見殺《みごろ》しにしたのは事実《じじつ》だ。

古志木島《こしきじま》という離島《りとう》でたったひとりの医者《いしゃ》として、島民《とうみん》の治療《ちりょう》にあたっているコトーのもとに、彼《かれ》が島《しま》に来《き》ることになった直接《ちょくせつ》の原因《げんいん》である本土《ほんど》での医療事故《いりょうじこ》についての情報《じょうほう》を持《も》って週間《しゅうかん》トポスの記者《きしゃ》・巽健司《たつみけんじ》がやってきます。

彼《かれ》は当時《とうじ》医療《いりょう》事故《じこ》で妹《いもうと》を亡《な》くした兄《あに》でした。彼《かれ》は島民《とうみん》たちから慕《した》われているコトーの評判《ひょうばん》を聞《き》いて、コトーを偽善者《ぎぜんしゃ》と決《き》めつけ、化《ば》けの皮《かわ》をはいでやろうと思《おも》ったのです。

コトーを慕《した》う看護婦《かんごふ》の星野彩佳《ほしのあやか》は、コトーに当時《とうじ》の本土《ほんど》での事《こと》の真相《しんそう》を問《と》いますが、コトーは、「お金《かね》のことはともかく……ぼくが記事《きじ》にある女子高生《じょしこうせい》を見殺《みごろ》し

判決は死刑だ。
ただし、無期限の執行猶予をつけることにした。
これからのあんたしだいで、いつでも死刑にしてやるってことだ。
オレはずっと見てるぜ、Dr.コトー。
次の日、巽記者は退院していきました。
そして2週間がたち、古志木島にも秋の気配が漂うようになりました。

◀巽《たつみ》記者《きしゃ》から告《つ》げられた言葉《ことば》で、コトーは心《こころ》が少《すこ》し軽《かる》くなりました。

にしたのは事実《じじつ》だ」と記事《きじ》の肝心《かんじん》な部分《ぶぶん》をあえて否定《ひてい》しようとはしませんでした。そのはっきりしない態度《たいど》は島民《とうみん》たちの疑惑《ぎわく》を増大《ぞうだい》させていきます。

そんなとき、土砂崩《どしゃくず》れにまきこまれた車《くるま》の中《なか》で島民《とうみん》の子《こ》どもが傘《かさ》に腹《はら》を突《つ》き破《やぶ》られるという事故《じこ》がおきます。巽記者《たつみきしゃ》もその事故《じこ》で足《あし》を負傷《ふしょう》してしまいました。

猜疑心《さいぎしん》が積《つ》もった島民《とうみん》たちは、コトーが子《こ》どもの手術《しゅじゅつ》を執刀《しっとう》することに反対《はんたい》しますが、島《しま》で育《そだ》った看護婦《かんごふ》の彩佳《あやか》はひとりコトーをかばい「もし、ふたりに何《なに》かあったら私《わたし》も死《し》にます！」と島民《とうみん》たちに言《い》います。その言葉《ことば》は、島民《とうみん》たちにコトーのそれまでの島《しま》での医療活動《いりょうかつどう》を思《おも》い出《だ》させ、島民《とうみん》たちはコトーに手術《しゅじゅつ》をまかせることにしました。

手術《しゅじゅつ》は成功《せいこう》し、子《こ》どもは無事《ぶじ》助《たす》かり、記《き》者《しゃ》の緊急手術《きんきゅうしゅじゅつ》も成功《せいこう》します。

巽記者《たつみきしゃ》は手術後《しゅじゅつご》、コトーの患者《かんじゃ》に対《たい》しての終始《しゅうし》ぶれない責任《せきにん》ある対応《たいおう》に、それまでの自《じ》分《ぶん》の考《かんが》えが憎《にく》しみに身《み》をまかせてゆがんでいたことに気《き》づきます。コトー自身《じしん》は本土《ほんど》での当直医《とうちょくい》の時《とき》の患者《かんじゃ》に対《たい》しての対応《たいおう》は、自分《じぶん》にも責任《せきにん》があることだという考《かんが》えは変《か》わっていませんでした。担当医《たんとうい》ではなかったが、自分《じぶん》もその日《ひ》の当直医《とうちょくい》であったからです。

「あの夜《よる》のぼくは医者《いしゃ》じゃなかった。適切《てきせつ》な処置《しょち》をしていれば妹《いもうと》さんを死《し》なせずに済《す》んだ」とコトーは言《い》います。

それに対《たい》して巽《たつみ》は、「オレはオレなりにあんたの罪《つみ》に判決《はんけつ》を出《だ》すことにした。判決《はんけつ》は死刑《しけい》だ。しかし無期限《むきげん》の執行猶予《しっこうゆうよ》をつけることにした」と言《い》って、コトーの医者《いしゃ》としての人生《じんせい》を認《みと》める意思《いし》を伝《つた》えます。それはコトーのことを許《ゆる》すという意味《いみ》の言葉《ことば》でもありました。コトーはわずかに微笑《ほほえ》んで、その言葉《ことば》を受《う》け止《と》めました。

無医村《むいそん》とは？

無医村《むいそん》とはひとりも医者《いしゃ》がいない村《むら》のことです。地方《ちほう》では住《じゅう》民《みん》の高齢化《こうれいか》や人口減少《じんこうげんしょう》に伴《ともな》い、過疎化《かそか》が進《すす》んでいる地域《ちいき》が数多《かずおお》く見《み》られます。村《むら》の医者《いしゃ》も同様《どうよう》に高齢化《こうれいか》し、代《か》わりの若《わか》い医《い》者《しゃ》を募集《ぼしゅう》しても集《あつ》まりにくく、また定着率《ていちゃくりつ》が悪《わる》いなど、様々《さまざま》な理由《りゆう》から無医村《むいそん》は日本中《にほんじゅう》で増《ふ》える傾向《けいこう》にあります。

著者《ちょしゃ》プロフィール

山田貴敏《やまだたかとし》

1959年《ねん》生《う》まれ。代表作《だいひょうさく》『風《かぜ》のマリオ』『過去《かこ》への旅《たび》人《びと》』『ONE&ONLY』『へなへな -外科医《げかい》 龍浪誠《たつなみまこと》のカルテより-』ほか多数《たすう》。『Dr．コトー診療所《しんりょうじょ》』は2003年《ねん》にテレビドラマ化《か》されている。

作品紹介《さくひんしょうかい》

『Dr.《ドクター》コトー診療所《しんりょうじょ》』

著《ちょ》：山田貴敏《やまだたかとし》　発行《はっこう》：小学館《しょうがくかん》

大学付属病院《だいがくふぞくびょういん》で当直医《とうちょくい》だったコトー（五島健助《ごとうけんすけ》）は、病院関係者《びょういんかんけいしゃ》の治療《ちりょう》を優先《ゆうせん》し、そこにかつぎこまれた重症患者《じゅうしょうかんじゃ》を見殺《みごろ》しにしたというレッテルをはられ、その罪《つみ》を一身《いっしん》に背負《せお》い、大学病院《だいがくびょういん》を後《あと》にした。

その後《ご》、彼《かれ》は3カ月無医村状態《げつむいそんじょうたい》だった古志木島《こしきじま》という離島《りとう》に赴任《ふにん》し、島《しま》にたったひとりの医者《いしゃ》として開業《かいぎょう》することになった。本土《ほんど》まで船《ふね》で6時間《じかん》かかるその島《しま》で、緊急医療《きんきゅういりょう》の必要《ひつよう》な事故《じこ》や病気《びょうき》が彼《かれ》の医院《いいん》に持《も》ちこまれる。そして最初《さいしょ》は懐疑的《かいぎてき》だった島民《とうみん》たちもコトーを同《おな》じ島《しま》の仲間《なかま》として心《こころ》を開《ひら》いていく。

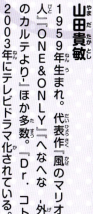

「DMAT」の隊員《たいいん》・八雲響《やくもひびき》は、災害医療《さいがいいりょう》の現場《げんば》で、被害者《ひがいしゃ》を救《すく》うことのできない状況《じょうきょう》におかれた。

災害派遣医療《さいがいはけんいりょう》チーム「DMAT」の組織《そしき》を推進《すいしん》する院長《いんちょう》の命令《めいれい》により、強引《ごういん》に「東京《とうきょう》DMAT」の隊員《たいいん》に抜擢《ばってき》された主人公《しゅじんこう》の内科医《ないかい》、八雲響《やくもひびき》は、二度《にど》の厳《きび》しい状況《じょうきょう》の現場経験《げんばけいけん》から、しだいにDMAT隊員《たいいん》としての素質《そしつ》を見《み》せはじめていました。

三度目《さんどめ》の出動《しゅつどう》は、老朽化《ろうきゅうか》したビルのエレベーター事故《じこ》にまきこまれて瀕死状態《ひんしじょうたい》となった、有名《ゆうめい》なパティシエ、柏木亮《かしわぎりょう》の救助《きゅうじょ》でした。彼《かれ》は偶然《ぐうぜん》にも、響《ひびき》の内科《ないか》での患者《かんじゃ》であり、響《ひびき》が初期《しょき》の舌《ぜつ》ガンを発見《はっけん》し、パティシエの命《いのち》である舌《した》の手術《しゅじゅつ》の回避《かいひ》に成功《せいこう》したことから、響《ひびき》に強《つよ》い感謝《かんしゃ》と信頼《しんらい》を寄《よ》せていました。

救助《きゅうじょ》に来《き》た響《ひびき》を見《み》て、俺《おれ》のヒーローが来《き》たと、安心《あんしん》する柏木《かしわぎ》でしたが、彼《かれ》は、止《と》まったエレベーターからの脱出《だっしゅつ》に失敗《しっぱい》し、両足《りょうあし》をエレベーターと床《ゆか》のすきまに挟《はさ》まれ、すぐには搬出《はんしゅつ》できない状況《じょうきょう》でした。しかも肋骨《ろっこつ》を折《お》り、胸腔内《きょうくうない》出血《しゅっけつ》を起《お》こし、腎臓《じんぞう》の破裂《はれつ》、後腹膜出血《こうふくまくしゅっけつ》など、一刻《いっこく》も早《はや》く本格的《ほんかくてき》な処置《しょち》をしなければならない状態《じょうたい》だったのです。

『「生《せい》」を守《まも》る事《こと》だけが医者《いしゃ》の役目《やくめ》ではない 正《ただ》しく死《し》なせる事《こと》も医《い》の大切《たいせつ》な役目《やくめ》―― そしてお前《まえ》は…柏木亮《かしわぎりょう》の魂《たましい》を救《すく》ったんだ――…』

「生」を守る事だけが医者の役目ではない
正しく死なせる事も医の大切な役目——そしてお前は…
柏木亮の魂を救ったんだ——…
!!
……
…でも…やっぱり僕は自分を許せませんっ
ギュッ
医者として人の命を救いたい…!!

◀命《いのち》を救《すく》えなかった自分《じぶん》が許《ゆる》せない八雲《やくも》。自信《じしん》を取《と》り戻《もど》すには、逃《に》げずに経験《けいけん》を積《つ》み学《まな》ぶしかない。

死《し》が避《さ》けられない場合《ばあい》、本人《ほんにん》と遺族《いぞく》の心《こころ》の満足《まんぞく》を優先《ゆうせん》せざるを得《え》ないこともある。

自分《じぶん》の死《し》をさとったかのような柏木《かしわぎ》に、響《ひびき》は、できるかぎりの応急処置《おうきゅうしょち》をしますが、胸腔内出血《きょうくうないしゅっけつ》など、症状《しょうじょう》がひどくなり、柏木《かしわぎ》の息《いき》は段々《だんだん》よわよわしくなっていきます。

響《ひびき》が危険《きけん》を承知《しょうち》で、胸《むね》にたまった血《ち》のドレナージ（余分《よぶん》な血《ち》を抜《ぬ》く外科的処置《げかてきしょち》）を決意《けつい》したとき、地下《ちか》にあるエレベーターの操作盤《そうさばん》から火災《かさい》が発生《はっせい》し、現場《げんば》からの緊急退避《きんきゅうたいひ》の命令《めいれい》が下《くだ》ります。

処置《しょち》を続《つづ》けたい響《ひびき》でしたが、災害現場《さいがいげんば》の鉄則《てっそく》として、動《うご》ける人間《にんげん》の保護《ほご》を最優先《さいゆうせん》にするというものがあり、救急隊員《きゅうきゅうたいいん》に引《ひ》きずられるように現場《げんば》から退避《たいひ》させられてしまいます。

ようやく安全《あんぜん》が確認《かくにん》されて、響《ひびき》は柏木《かしわぎ》のもとに向《む》かいますが、柏木《かしわぎ》はもう、「DMAT」の制服《せいふく》を着《き》た響《ひびき》のことを認識《にんしき》できず、「八雲《やくも》先生《せんせい》を呼《よ》んでくれ」と言《い》うばかりでした。

響《ひびき》が柏木《かしわぎ》を安心《あんしん》させるために、白衣《はくい》を着《き》て彼《かれ》の前《まえ》に立《た》ったとき、それを見《み》た柏木《かしわぎ》は涙《なみだ》を流《なが》し、安《やす》らかな顔《かお》で息《いき》を引《ひ》き取《と》りました。

事件《じけん》の後《あと》、自分《じぶん》を許《ゆる》せずDMATを辞《や》めたいという響《ひびき》に、院長《いんちょう》は、夫《おっと》の安《やす》らかな死《し》に顔《がお》を見《み》た、柏木《かしわぎ》の妻《つま》からの「ありがとうございました」という言葉《ことば》を伝《つた》えます。そして、『「生《せい》」を守《まも》る事《こと》だけが医者《いしゃ》の役目《やくめ》ではない　正《ただ》しく死《し》なせる事《こと》も医《い》の大切《たいせつ》な役《やく》目《め》——　そしてお前《まえ》は…柏木亮《かしわぎりょう》の魂《たましい》を救《すく》ったんだ——…』と、彼《かれ》をはげますと同時《どうじ》に、「救《すく》えない命《いのち》から逃《に》げるな、救急《きゅうきゅう》を学《まな》んで、人《ひと》を救《すく》える人間《にんげん》としての信念《しんねん》をもて」とDMATの役目《やくめ》を教《おし》えさとすのでした。

DMATとは？

Disaster Medical Assistance Teamの略《りゃく》で、災害派遣《さいがいはけん》（支援《しえん》）医療《いりょう》チームのことです。

専門的《せんもんてき》な訓練《くんれん》を受《う》けた医師《いし》、看護師《かんごし》などの医療《いりょう》関係者《かんけいしゃ》で構成《こうせい》され、災害《さいがい》の発生後《はっせいご》48時間以内《じかんいない》に展開《てんかい》し、応急治療《おうきゅうちりょう》、搬送《はんそう》、トリアージ（患者《かんじゃ》の治療《ちりょう》優先度《ゆうせんど》の決定《けってい》）などの医療行為《いりょうこうい》、被災地《ひさいち》での病院《びょういん》支援《しえん》などをおこなうのが主《おも》な任務《にんむ》となります。

日本《にほん》では、厚生労働省《こうせいろうどうしょう》により発足《ほっそく》され、災害時《さいがいじ》に全国《ぜんこく》から隊員《たいいん》が集《あつ》められ、全国《ぜんこく》を出動地域《しゅつどうちいき》とする「日本《にほん》DMAT」のほか、各都道府県別《かくとどうふけんべつ》の「DMAT」があります。

作品《さくひん》紹介《しょうかい》

『Dr.《ドクター》DMAT《ディーマット》〜瓦礫《がれき》の下《した》のヒポクラテス〜』

原作《げんさく》：髙野洋《たかのひろし》　作画《さくが》：菊地昭夫《きくちあきお》　発行《はっこう》：集英社《しゅうえいしゃ》

主人公《しゅじんこう》の内科医《ないかい》、八雲響《やくもひびき》は、人《ひと》を救《すく》うための素質《そしつ》を有栖川総合病院《ありすがわそうごうびょういん》の院長《いんちょう》に見出《みいだ》され、災害派遣医療《さいがいはけんいりょう》チーム『東京《とうきょう》DMAT』の隊員《たいいん》に抜擢《ばってき》される。

最初《さいしょ》は血《ち》が苦手《にがて》な彼《かれ》だったが、事故現場《じこげんば》での逃《に》げることの出来《でき》ない状況《じょうきょう》の元《もと》で経験《けいけん》を積《つ》み、そこにある物《もの》で最善《さいぜん》をつくす即興医療《そっきょういりょう》や、要救助者《ようきゅうじょしゃ》に優先順位《ゆうせんじゅんい》をつけねばならない災害医療《さいがいいりょう》などに対《たい》し、次第《しだい》に適性《てきせい》を見《み》せはじめる。

本項《ほんこう》では、八雲響《やくもひびき》が災害現場《さいがいげんば》で要救助者《ようきゅうじょしゃ》を助《たす》けることができない状況《じょうきょう》に、はじめておかれる、2巻《かん》Disaster8-11を紹介《しょうかい》する。

著者《ちょしゃ》プロフィール

原作《げんさく》：髙野洋《たかのひろし》
漫画家《まんがか》、漫画原作者《まんがげんさくしゃ》。代表作《だいひょうさく》に、『国境《こっきょう》を駆《か》ける医師《いし》イコマ』、『孤高《ここう》の人《ひと》』などがある。

作画《さくが》：菊地昭夫《きくちあきお》
代表作《だいひょうさく》に、近藤史恵《こんどうふみえ》原作《げんさく》の『サクリファイス』、宮部《みやべ》みゆき原作《げんさく》の『ぼんくら』などの小説《しょうせつ》コミカライズ作品《さくひん》がある。

現在《げんざい》の看護《かんご》制度《せいど》の基礎《きそ》を作《つく》った ナイチンゲールの教《おし》え。

1853年《ねん》、ロシアはトルコに攻《せ》めこみました。それに対《たい》しイギリスとフランスはトルコを守《まも》るために立《た》ち上《あ》がり、クリミア戦争《せんそう》がはじまります。当時《とうじ》世界《せかい》最強《さいきょう》と言《い》われたイギリス軍《ぐん》は、ロシア相手《あいて》ではなく、戦地《せんち》での病気《びょうき》とけがで苦戦《くせん》をしいられていました。

フローレンス・ナイチンゲールはイギリス陸軍《りくぐん》病院《びょういん》の看護婦《かんごふ》総監督《そうかんとく》に任命《にんめい》され、38人《にん》の看護婦《かんごふ》を集《あつ》め彼女《かのじょ》らを連《つ》れて、船《ふね》に乗《の》って戦地《せんち》におもむきました。

イギリス陸軍《りくぐん》病院《びょういん》に着《つ》いたナイチンゲールは、看護《かんご》もされず床《ゆか》に転《ころ》がされている病《びょう》人《にん》やけが人《にん》たちを見《み》て、病院《びょういん》の悲惨《ひさん》な状況《じょうきょう》に愕然《がくぜん》とします。

ナイチンゲールはすぐにでもそれらを改《かい》善《ぜん》していこうとするのですが、規則《きそく》を盾《たて》に、軍人《ぐんじん》もコック長《ちょう》も患者《かんじゃ》たちに対《たい》しての態度《たいど》を改《あらた》めようとはせず、ナイチンゲールに看《かん》

「自分《じぶん》を愛《あい》しなさい。そして、もっともっと、人《ひと》を好《す》きになるの。」

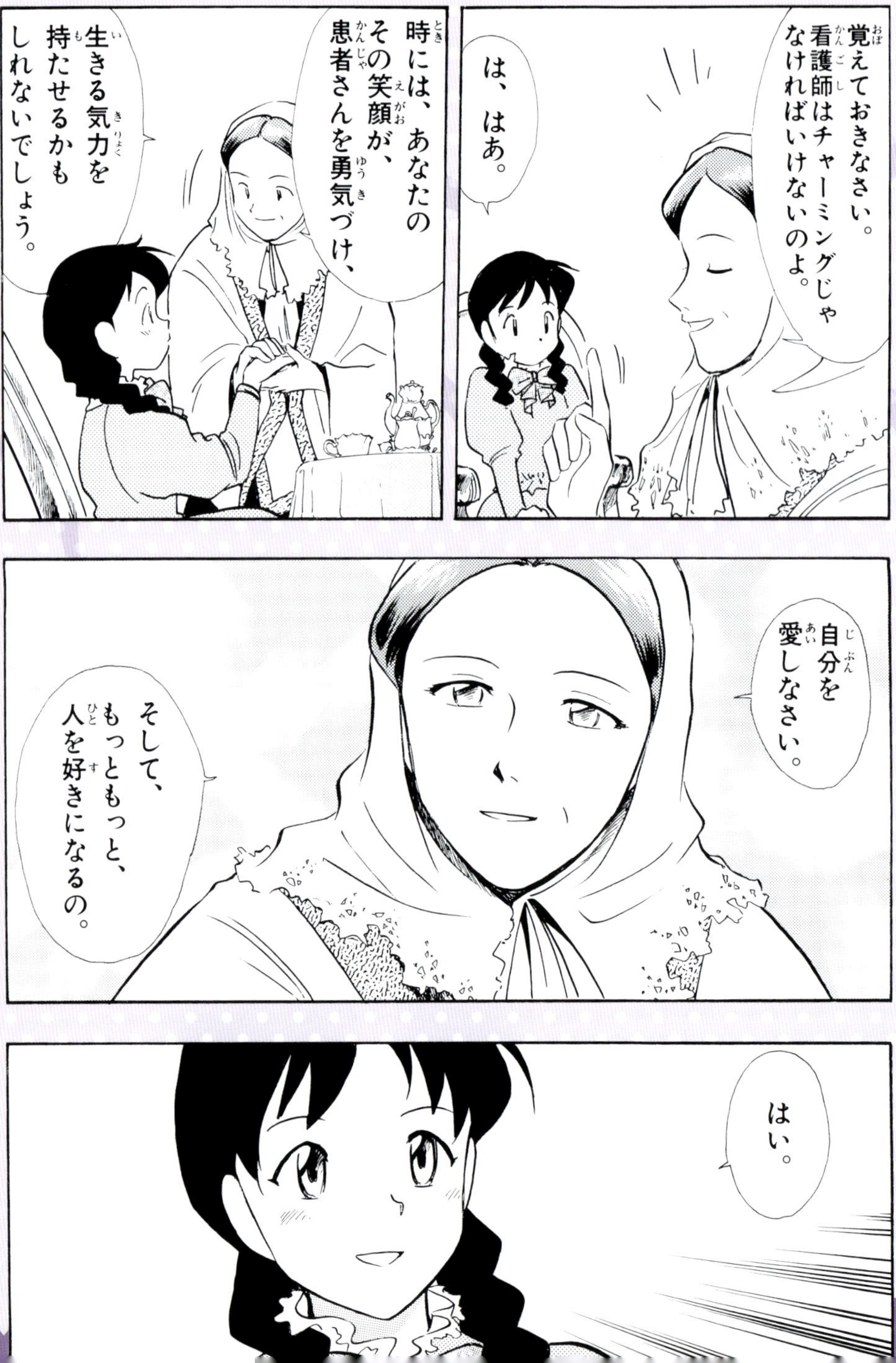
覚《おぼ》えておきなさい。看護師《かんごし》はチャーミングじゃなければいけないのよ。
は、はあ。
時《とき》には、あなたのその笑顔《えがお》が、患者《かんじゃ》さんを勇気《ゆうき》づけ、
生《い》きる気力《きりょく》を持《も》たせるかもしれないでしょう。
自分《じぶん》を愛《あい》しなさい。
そして、もっともっと、人《ひと》を好《す》きになるの。
はい。

▶養成学校《ようせいがっこう》に来《き》た若《わか》い看護婦《かんごふ》の卵《たまご》たちにナイチンゲールは優《やさ》しく教《おし》えた。

護《ご》をさせようとしませんでした。

ナイチンゲールの行動《こうどう》を金持《かねも》ち娘《むすめ》の道楽《どうらく》と思《おも》っていた遠征軍軍医長官《えんせいぐんぐんいちょうかん》は、ナイチンゲールが戦地《せんち》の病院《びょういん》の惨状《さんじょう》を見《み》れば、尻尾《しっぽ》をまいてイギリスに逃《に》げ帰《かえ》ると思《おも》っていたのでした。数《すう》ヵ月《げつ》してついに手《て》が足《た》りなかった病院《びょういん》は彼女《かのじょ》たちに看護婦《かんごふ》としてそこで働《はたら》く許可《きょか》を出《だ》します。

そのころ、イギリス軍《ぐん》は連絡《れんらく》の悪《わる》さから、補給物資《ほきゅうぶっし》が目的地《もくてきち》にとどかず病院《びょういん》の環境《かんきょう》を改善《かいぜん》できませんでした。ナイチンゲールは食料《しょくりょう》、衣料品《いりょうひん》、医薬品《いやくひん》まで自分《じぶん》のお金《かね》で手《て》に入《い》れ、さらに労働者《ろうどうしゃ》をやとって新《あたら》しい病院《びょういん》を建設《けんせつ》しました。

彼女《かのじょ》は傷《きず》つき心《こころ》がすさんでいた負傷兵《ふしょうへい》たちに本《ほん》を与《あた》え、文字《もじ》を教《おし》える学校《がっこう》を始《はじ》めました。他《ほか》にも病院《びょういん》でチェスやフットボールのやり方《かた》を教《おし》え、合唱団《がっしょうだん》、劇団《げきだん》なども作《つく》っていったのです。フランスから一流《いちりゅう》のコックを呼《よ》んで、病院《びょういん》のまずい食事《しょくじ》を改善《かいぜん》していきました。

こうした数々《かずかず》の活動《かつどう》がついに英国政府《えいこくせいふ》を動《うご》かし、衛生委員会《えいせいいいんかい》がつくられ、害虫退治《がいちゅうたいじ》、下水《げすい》の消毒《しょうどく》などが行《おこな》われるようになりました。死者《ししゃ》の数《かず》はその年《とし》の初《はじ》めには5人《にん》にふたりだったのが、20人《にん》にひとりと激減《げきげん》しました。

戦後《せんご》ナイチンゲールは看護婦養成学校《かんごふようせいがっこう》を設立《せつりつ》しました。そこにきた新入生《しんにゅうせい》に「自分《じぶん》を愛《あい》しなさい。そして、もっともっと、人《ひと》を好《す》きになるの。」と教《おし》えました。彼女《かのじょ》は『看《かん》護覚《ごおぼ》え書《がき》』のなかでこう言《い》っています。

「看護《かんご》にひみつは存在《そんざい》しません。よい看護《かんご》というものはあらゆる病気《びょうき》に共通《きょうつう》するこまごまとしたことをやりとげ、ひとりひとりの病人《びょうにん》をくわしく観察《かんさつ》すること、ただそれだけなのです」と。

著者《ちょしゃ》プロフィール

監修《かんしゅう》：長谷川敏彦《はせがわとしひこ》
国立医療《こくりついりょう》・病院管理研究所医療政策研究部員《びょういんかんりけんきゅうじょいりょうせいさくけんきゅうぶいん》、一般社《いっぱんしゃ》団法人《だんほうじん》 未来医療研究機構《みらいいりょうけんきゅうきこう》 代表理事《だいひょうりじ》。

漫画《まんが》：真斗《まと》
漫画家《まんがか》。「少年《しょうねん》サンデー」（小学館刊《しょうがくかんかん》）にて『ニューイヤーXマス』でデビュー。『風《かぜ》の行方《ゆくえ》』、『ポケットモンスターSPECIAL』ほか代表作多数《だいひょうさくたすう》。

シナリオ：黒沢哲哉《くろさわてつや》
1957年生《ねんう》まれ。漫画原作者《まんがげんさくしゃ》、著者《ちょしゃ》、編集者《へんしゅうしゃ》。おもちゃ博物館名誉館長《はくぶつかんめいよかんちょう》（柴又《しばまた》）。「少年《しょうねん》エッジスタ」オンラインコミック誌編集長《しへんしゅうちょう》。

作品《さくひん》紹介《しょうかい》

『学習《がくしゅう》まんが人物館《じんぶつかん》　ナイチンゲール』

監修《かんしゅう》：長谷川敏彦《はせがわとしひこ》　漫画《まんが》：真斗《まと》　シナリオ：黒沢哲哉《くろさわてつや》　発行《はっこう》：小学館《しょうがくかん》

近代看護《きんだいかんご》の生《う》みの親《おや》と呼《よ》ばれたナイチンゲールの功績《こうせき》や、献身的《けんしんてき》な生《い》き様《ざま》を描《えが》いた漫画作品《まんがさくひん》。

フローレンス・ナイチンゲールは、1820年《ねん》イタリア・フィレンツェで生《う》まれた。ナイチンゲール家《け》はイギリスのとても裕福《ゆうふく》な家《いえ》で、家族《かぞく》は働《はたら》かず海外《かいがい》に旅行《りょこう》に行《い》き、毎日《まいにち》パーティをして暮《く》らしていた。そんな中《なか》にあってフローレンスだけは、人《ひと》の役《やく》に立《た》つ、人《ひと》のために働《はたら》きたいと思《おも》うようになる。

彼女《かのじょ》は知人《ちじん》の紹介《しょうかい》で貧民街《ひんみんがい》の慈善訪問《じぜんほうもん》に行《い》き、看護師《かんごし》になることを決意《けつい》。当時《とうじ》は看護師《かんごし》に対《たい》する考《かんが》え方《かた》はおくれており、病人《びょうにん》の世話《せわ》をすることは汚《きたな》く、恥《は》ずかしいことと考《かんが》えられていた。そのため両《りょう》親《しん》は彼女《かのじょ》の希望《きぼう》をかなえさせようとせず、とうとう彼女《かのじょ》は病気《びょうき》になって寝《ね》こんでしまった。

その後《ご》、彼女《かのじょ》はなんとか、進《すす》んだ医療《いりょう》の考《かんが》えを持《も》つカイザーベルト学園《がくえん》に入学《にゅうがく》することを許《ゆる》され、彼女《かのじょ》の気持《きも》ちを理解《りかい》した父《ちち》が、ロンドンの貧《まず》しい病院《びょういん》を手助《てだす》けしに行《い》くことに同意《どうい》したのだった。

「私《わたし》を待《ま》っているんだ。他《ほか》の人《ひと》じゃない。私《わたし》を、その人《ひと》は」

貴子《たかこ》は自分《じぶん》が生《い》き残《のこ》った命《いのち》を、日本《にほん》の骨髄《こつずい》バンク誕生《たんじょう》のために使《つか》おうとかたく決心《けっしん》した。

ごく最近《さいきん》まで不治《ふじ》の病《やまい》とされていた白血病《はっけつびょう》(慢性骨髄性白血病《まんせいこつずいせいはっけつびょう》)は、骨髄移植手術《こつずいいしょくしゅじゅつ》により死《し》なくてすむようになりました。しかしそこにはまだ、むずかしい問題《もんだい》が残《のこ》されていたのです。

骨髄提供者《こつずいていきょうしゃ》(ドナー)の登録《とうろく》という概念《がいねん》がまだない時代《じだい》、HLA※の偶然《ぐうぜん》の一致《いっち》がないと手術《しゅじゅつ》は成功《せいこう》しませんでした。適合者《てきごうしゃ》のドナーが見《み》つからないと患者《かんじゃ》の死《し》が待《ま》っています。

大谷貴子《おおたにたかこ》は奇跡的《きせきてき》に母親《ははおや》のHLAが一致《いっち》し手術《しゅじゅつ》が成功《せいこう》します。貴子《たかこ》は自分《じぶん》が生《い》き残《のこ》った命《いのち》を、日本《にほん》の骨髄《こつずい》バンク誕生《たんじょう》のために使《つか》おうとかたく決心《けっしん》するのでした。

しかしその道《みち》は困難《こんなん》の連続《れんぞく》でした。1988年《ねん》「名古屋骨髄《なごやこつずい》献血希望者《けんけつきぼうしゃ》を募《つの》る会《かい》」の活動《かつどう》が始《はじ》まりました。しかし、一般《いっぱん》の人々《ひとびと》の骨髄《こつずい》バンクの登録《とうろく》に対《たい》する反応《はんのう》はとても冷《つめ》たいものでした。多《おお》くの人《ひと》は自分《じぶん》が知《し》らない他人《たにん》に骨髄《こつずい》を提供《ていきょう》するという考《かんが》えが持《も》てなかったのです。

そうして貴子《たかこ》は国民《こくみん》の認識《にんしき》を変《か》えるためには、日本《にほん》の国《くに》が動《うご》かないと本格的《ほんかくてき》な骨髄《こつずい》バンクの成《せい》立《りつ》はないと考《かんが》え、厚生省《こうせいしょう》※に足《あし》を運《はこ》びます。厚生省《こうせいしょう》からの答《こた》えは「100万人《まんにん》の署名《しょめい》が集《あつ》まれば、広《ひろ》く国民《こくみん》が欲《ほっ》していると考《かんが》えることができるから、骨髄《こつずい》バンクの件《けん》

ここに大事な
命が乗っている
……
ここで電話を
してしまったら
この命を握り
つぶすことになる
患者さんは
死んでしまうんだ
自分の弱い気持ちから
握りつぶしたりして
いいのか
――!?

▲手術《しゅじゅつ》に向《む》かう心《こころ》の迷《まよ》いの中《なか》で、彼《かれ》は自分《じぶん》を待《ま》っているひとりの命《いのち》について考《かんが》えました。

※HLA:白血球《はっけっきゅう》の血液型《けつえきがた》。両親《りょうしん》から半分《はんぶん》ずつ受《う》け継《つ》ぐので、他人同士《たにんどうし》では一致《いっち》する可能性《かのうせい》が低《ひく》い。
HLAの違《ちが》う血液《けつえき》は白血球《はっけっきゅう》が攻撃《こうげき》するので移植《いしょく》には使《つか》えません。

※厚生省《こうせいしょう》:医療《いりょう》、保険《ほけん》、社会保障《しゃかいほしょう》などを管理《かんり》する行政機関《ぎょうせいきかん》。2001年《ねん》に、労働省《ろうどうしょう》(当時《とうじ》)と統合《とうごう》され、厚生労働省《こうせいろうどうしょう》となった。

は検討《けんとう》に値《あたい》する」というものでした。

貴子《たかこ》たちは名古屋《なごや》を中心《ちゅうしん》にシンポジウムを開《ひら》き、日本《にほん》に骨髄《こつずい》バンク開設《かいせつ》の必要性《ひつようせい》を強《つよ》くアピールしました。運動《うんどう》を続《つづ》けていくにしたがって、理解《りかい》は徐々《じょじょ》に広《ひろ》まっていき、登録者《とうろくしゃ》の数《かず》も増《ふ》えていきました。

最大《さいだい》の課題《かだい》は、非血縁者間《ひけつえんしゃかん》での骨髄移植《こつずいいしょく》の実現《じつげん》でした。いざ、型《かた》が一致《いっち》した提供者《ていきょうしゃ》は見《み》つかっても、手術《しゅじゅつ》の話《はなし》になると、最終的《さいしゅうてき》同意《どうい》が得《え》られず、難航《なんこう》してしまうことが多《おお》かったのです。

そんなとき、ひとりの患者《かんじゃ》が急性転化《きゅうせいてんか》し脳内出血《のうないしゅっけつ》の危機《きき》がせまっていました。彼《かれ》と同《おな》じHLAを持《も》つ男性《だんせい》が登録者《とうろくしゃ》の中《なか》に発見《はっけん》されます。その男性《だんせい》は、「確認《かくにん》の連絡《れんらく》が来《き》たときは提供《ていきょう》する」とはっきりと言《い》ってくれていました。

その後《ご》、彼《かれ》は医者《いしゃ》から骨髄《こつずい》に太《ふと》い針《はり》を刺《さ》すという手術《しゅじゅつ》の説明《せつめい》を聞《き》き、不安《ふあん》におびえます。医者《いしゃ》からは提供《ていきょう》はいつ断《ことわ》ってもいいと言《い》われ、不安《ふあん》におびえ、自分《じぶん》の手《て》を見《み》て考《かんが》えました。

「ここに大事《だいじ》な命《いのち》が乗《の》っている…ここで電話《でんわ》をしてしまったらこの命《いのち》をにぎりつぶしてしまうことになる。私《わたし》を待《ま》っているんだ。他《ほか》の人《ひと》じゃない。私《わたし》を、その人《ひと》は」

彼《かれ》は断《ことわ》りませんでした。こうして第一赤十字病院《だいいちせきじゅうじびょういん》での手術《しゅじゅつ》がおこなわれ、成功《せいこう》します。これが日本《にほん》においての、非血縁者《ひけつえんしゃ》の骨髄《こつずい》バンク登録者間《とうろくしゃかん》での移植手術第一号《いしょくしゅじゅつだいいちごう》となったのです。

1988年《ねん》、「東海骨髄《とうかいこつずい》バンク」が発足《ほっそく》しました。そこから全国《ぜんこく》に運動《うんどう》が広《ひろ》まっていきました。1991年《ねん》、公的骨髄《こうてきこつずい》バンク「日《に》本骨髄《ほんこつずい》バンク」が設立《せつりつ》されます。

骨髄《こつずい》バンクの必要性《ひつようせい》

白血病《はっけつびょう》の手術《しゅじゅつ》を成功《せいこう》させるためには、骨髄提供者《こつずいていきょうしゃ》（ドナー）が必要《ひつよう》です。しかしその数《かず》はたいへん少《すく》なく、その上《うえ》ドナーと患者《かんじゃ》との白血球《はっけっきゅう》の型《かた》（HLA）の一致《いっち》がなければ、骨髄移植《こつずいいしょく》は成功《せいこう》しないという問題《もんだい》があります。HLAの適合率《てきごうりつ》は兄弟姉妹《きょうだいしまい》の間《あいだ》では4人《にん》にひとり。両親《りょうしん》ではさらに低《ひく》く、他人同士《たにんどうし》の間《あいだ》では500人《にん》から1万人《まんにん》にひとりという確率《かくりつ》になってしまいます。そこで広《ひろ》く提供者《ていきょうしゃ》を募《つの》り、その中《なか》からHLA適合者《てきごうしゃ》を探《さが》さないと、患者《かんじゃ》を救《すく》うことができないのです。

作品紹介《さくひんしょうかい》

『プロジェクトX挑戦者《ちょうせんしゃ》たち　決断《けつだん》 命《いのち》の一滴《いってき》』

原作《げんさく》・監修《かんしゅう》：NHKプロジェクトX制作班《せいさくはん》　作画《さくが》・脚本《きゃくほん》：本《もと》そういち　発行《はっこう》：宙出版《おおぞらしゅっぱん》

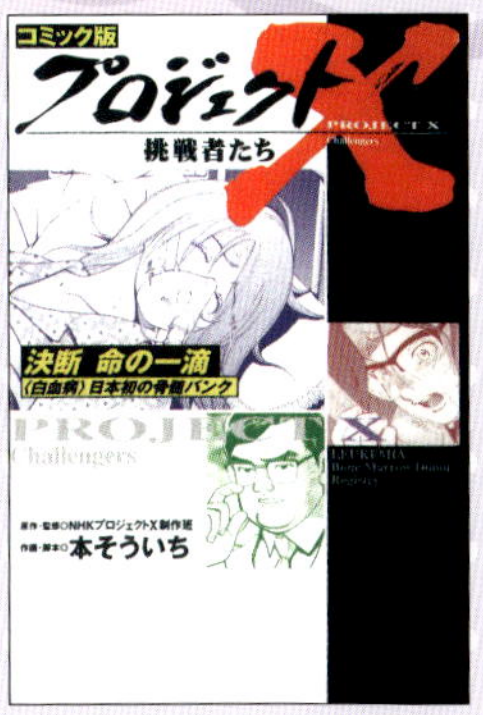

白血病《はっけつびょう》をわずらっていた大谷貴子《おおたにたかこ》は、奇跡的《きせきてき》に母親《ははおや》のHLAが一致《いっち》し手術《しゅじゅつ》が成功《せいこう》し生《い》きることができた。彼女《かのじょ》は同《おな》じ病院《びょういん》に入院《にゅういん》していた高校生《こうこうせい》の園上《そのうえ》さおりが、HLAの一致《いっち》するドナーが見《み》つからず死《し》んでいったことを思《おも》い、今後彼女《こんごかのじょ》のような犠牲者《ぎせいしゃ》を出《だ》さないようにできないかと、自分《じぶん》を手術《しゅじゅつ》してくれた名古屋大学《なごやだいがく》の医《い》師森嶋泰雄《しもりしまやすお》に相談《そうだん》する。それまで15年間白血病《ねんかんはっけつびょう》と格闘《かくとう》してきた森嶋《もりしま》は、アメリカで1年前《ねんまえ》にできた白血病者《はっけつびょうしゃ》と骨髄提供者《こつずいていきょうしゃ》の登録《とうろく》をおこなうシステム、「骨髄《こつずい》バンク」の話《はなし》をするのだった。
その話《はなし》を聞《き》いた貴子《たかこ》は、生《い》き残《のこ》った自分《じぶん》の命《いのち》を、日本《にほん》の骨髄《こつずい》バンク誕生《たんじょう》のために使《つか》おうと固《かた》く決心《けっしん》する。

著者《ちょしゃ》プロフィール

本《もと》そういち

1963年《ねん》生《う》まれ。第《だい》9回《かい》小学館新人《しょうがくかんしんじん》コミック大賞入選《たいしょうにゅうせん》。第《だい》11回講談社《かいこうだんしゃ》ちばてつや賞入賞《しょうにゅうしょう》。『マタドール』『サードストーリー』『アキラの明星《みょうじょう》』ほか代表作多数《だいひょうさくたすう》。

「いったい、いつ、貧《まず》しい人《ひと》びとの貧《ひん》困《こん》はやむのですか。」「わたしは、あなたとわたしが分《わ》かちはじめたそのときに、と答《こた》えました。」

人間《にんげん》にとって一番《いちばん》悲《かな》しいことは、「自分《じぶん》はこの世《よ》でむだな人間《にんげん》だ」と思《おも》ってしまうことよ。

1946年《ねん》9月《がつ》10日《か》テレサは列車《れっしゃ》の中《なか》で神《かみ》の啓示《けいじ》を受《う》けます。「あなたは貧《まず》しい人々《ひとびと》のために生《い》きなさい。貧《まず》しい人々《ひとびと》こそ神《かみ》そのものなのだから」その啓示《けいじ》にしたがい彼女《かのじょ》はモティジル地区《ちく》に行《い》くことを決意《けつい》するのです。

彼女《かのじょ》はモティジル地区《ちく》におもむき、そこで青空学校《あおぞらがっこう》を始《はじ》めます。それから2年《ねん》3ヵ月後《げつご》、大司教《だいしきょう》※から新《あたら》しい修道会《しゅうどうかい》「神《かみ》の愛《あい》の宣教者会《せんきょうしゃかい》」として独立《どくりつ》させてもらい、総長《そうちょう》マザー・テレサと呼《よ》ばれるようになります。その時《とき》彼女《かのじょ》がたてた新《あたら》しい誓《ちか》いは「貧《まず》しい人《ひと》びとの中《なか》でも最《もっと》も貧《まず》しい人《ひと》びとに心《こころ》から仕《つか》える」というものでした。

毎日《まいにち》のように路上《ろじょう》で死《し》んでいく者《もの》たちをテレサは見捨《みす》てられませんでした。そんな人《ひと》た

作《さく》品《ひん》紹《しょう》介《かい》

『学習《がくしゅう》まんが人物館《じんぶつかん》　マザー・テレサ』

監修《かんしゅう》：沖《おき》 守弘《もりひろ》　漫画《まんが》：あべさより　シナリオ：滝田《たきた》よしひろ　発行《はっこう》：小学館《しょうがくかん》

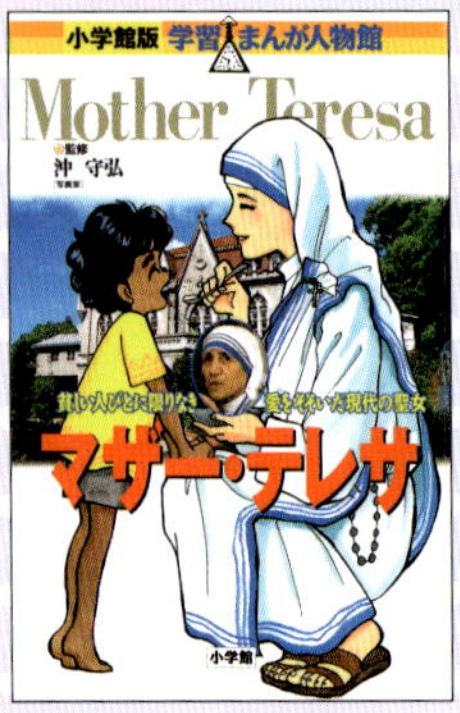

日本《にほん》に初《はじ》めてマザー・テレサを紹介《しょうかい》した沖守弘《おきもりひろ》の監修《かんしゅう》によるマザー・テレサの生涯《しょうがい》を描《えが》いたコミック。

1910年《ねん》、マザー・テレサはヨーロッパ南東部《なんとうぶ》マケドニアのスコピエ（現在《げんざい》の首都《しゅと》）に生《う》まれた。9歳《さい》のときに父《ちち》を亡《な》くした彼女《かのじょ》は、小《ちい》さいころから熱心《ねっしん》なキリスト教《きょう》の信者《しんじゃ》でした。神父様《しんぷさま》のお話《はなし》に出《で》てきたとても貧《まず》しい国《くに》インドに興味《きょうみ》を持ち、自分《じぶん》でも役《やく》に立《た》てるのかと思《おも》いをはせる。

19歳《さい》になってアイルランドの修道院《しゅうどういん》に入《はい》り、修道女《しゅうどうじょ》になるための修業《しゅぎょう》を積《つ》み、インドに旅立《たびだ》った。インド、ダージリンロレット修道院《しゅうどういん》でシスター・テレサという修道名《しゅうどうめい》をもらい、そこで聖《せい》マリア女学校《じょがっこう》で歴史《れきし》を教《おし》え、校長《こうちょう》になった。

当時《とうじ》のインドはイギリスからの独立戦争《どくりつせんそう》の最中《さなか》で、ベンガル地方《ちほう》では大飢饉《だいききん》がおこっていた。そこに、1946年《ねん》ヒンズー教《きょう》とイスラム教《きょう》の対立《たいりつ》が暴動化《ぼうどうか》し、生《い》きていくのがやっとのようなひどい状況《じょうきょう》であった。暴動《ぼうどう》の直後《ちょくご》、テレサは列車《れっしゃ》の中《なか》で貧《まず》しい者《もの》たちのために生《い》きなさいと神《かみ》の啓示《けいじ》を受《う》ける。

※大司教《だいしきょう》：キリスト教《きょう》カトリック教会《きょうかい》における階級《かいきゅう》。いくつかの教区《きょうく》をまとめて管理《かんり》する長《ちょう》のこと。

ちにもみじめな死《し》に方《かた》だけはしてほしくないと、寺院《じいん》を借《か》りてそこに安《やす》らかに死《し》をむかえ入《い》れられる場所《ばしょ》「死《し》を待《ま》つ人《ひと》の家《いえ》」を作《つく》りました。そこでは宗教《しゅうきょう》のちがいをこえてだれでも体《からだ》を清《きよ》めてもらい、死《し》ぬまであつい看護《かんご》が受《う》けられたのです。

次《つぎ》に、子《こ》どもたちを助《たす》けるための「聖《せい》なる子《こ》どもの家《いえ》」を作《つく》りました。恵《めぐ》まれない子《こ》どもたちや、生《う》まれてすぐに捨《す》てられていく赤《あか》ちゃんたちを保護《ほご》する施設《しせつ》です。「命《いのち》は生《い》かすもの。いらない命《いのち》などない」マザー・テレサはそう考《かんが》え、みんなに説《と》きました。

さらにハンセン氏病《しびょう》の患者《かんじゃ》を救《すく》い、生《い》きがいを与《あた》えようとカルカッタの北《きた》200キロに「平和《へいわ》の村《むら》」を作《つく》りました。村《むら》をつくる資金《しきん》がないのでテレサはローマ法王《ほうおう》からおくられた純白《じゅんぱく》のオープンカーを懸賞《けんしょう》に宝《たから》くじを考案《こうあん》しました。そのアイデアで車《くるま》を売《う》る5倍《ばい》近《ちか》い資金《しきん》を得《え》ることができ、念願《ねんがん》の「平和《へいわ》の村《むら》」ができあがりました。ここでこれまでに1万《まん》5千人《せんにん》以上《いじょう》のハンセン氏病《しびょう》の患者《かんじゃ》が治療《ちりょう》を受《う》けました。

1965年《ねん》以降《いこう》、インド以外《いがい》にもヨーロッパ、アメリカ、オーストラリアなど各地《かくち》に施設《しせつ》を作《つく》りました。

1979年《ねん》ノーベル賞《しょう》を授与《じゅよ》されます。しかし彼女《かのじょ》はノーベル賞委員会《しょういいんかい》の受賞《じゅしょう》パーティーにも、インドのお金持《かねも》ちの受賞《じゅしょう》パーティーも参加《さんか》をことわりました。「このごちそうは貧《まず》しい人《ひと》びとにあげてください」との思《おも》いからでした。

ある人《ひと》がたずねました。「いったい、いつ、貧《まず》しい人《ひと》びとの貧《ひん》困《こん》はやむのですか。」

マザー・テレサは「あなたとわたしが分《わ》かちはじめたそのときに」と答《こた》えました。

ある人《ひと》がたずねました。
「いったい、いつ、
貧《まず》しい人《ひと》びとの
貧困《ひんこん》はやむのですか。」
わたしは、
あなたとわたしが
分《わ》かちはじめた
そのときに、
と答《こた》えました。
――マザー・テレサ

▶マザー・テレサの言葉《ことば》が人《ひと》の胸《むね》を打《う》つのは、貧《まず》しい人《ひと》たちに対《たい》する愛《あい》の深《ふか》さを感《かん》じるからだろう。

日本《にほん》に来《き》たマザー・テレサ

1981年《ねん》マザー・テレサは日本《にほん》を訪《おとず》れます。日本《にほん》ではテレビでインドの子《こ》どもたちの貧《まず》しさを見《み》ていた日本人《にほんじん》の子《こ》どもがテレビゲームを買《か》おうとためたお金《かね》をテレサに渡《わた》し、インドの子《こ》どもたちのために使《つか》ってほしいと言《い》いました。テレサは喜《よろこ》びました。それを見《み》ていた企業《きぎょう》の社長《しゃちょう》は1億円《おくえん》ほど寄《き》付《ふ》するから会社《かいしゃ》の名前《なまえ》を世界中《せかいじゅう》に広《ひろ》めてほしいと言《い》いました。

テレサはそれを断《ことわ》りました。「わたしはお金《かね》ではなく、貧《まず》しい人《ひと》を思《おも》いやる『愛《あい》』をいただきたいのです。わかっていただけますね」と言《い》いました。

著者《ちょしゃ》プロフィール

監修《かんしゅう》：沖《おき》 守弘《もりひろ》
1929年《ねん》生《う》まれ。日本写真家協会会員《にほんしゃしんかきょうかいかいいん》ならびに二科会会員《にかかいかいいん》。1954年《ねん》、全日本写真《ぜんにほんしゃしん》コンクール特選《とくせん》をとってプロの写真家《しゃしんか》となる。報道写真家《ほうどうしゃしんか》として社会的《しゃかいてき》なテーマを幅広《はばひろ》く取材《しゅざい》。日本《にほん》に初《はじ》めてマザー・テレサを紹介《しょうかい》する。

漫画《まんが》：あべさより
漫画家《まんがか》。『レーナ・マリア』『与謝野晶子《よさのあきこ》』『杉原千畝《すぎはらちうね》』『みんなでたまごっち』『わんこ・みっくす』ほか代表作多数《だいひょうさくたすう》。

脚本《きゃくほん》：滝田《たきた》よしひろ
1957年《ねん》生《う》まれ。作家《さっか》、フリーランスライターとして活動《かつどう》。『みんなで跳《と》んだ』『ガリレオ・ガリレイ』脚本《きゃくほん》ほか多数。

「悪党《あくとう》のために魂《たましい》は売《う》らない！ だが…俺《おれ》はレイモンドさんの家族《かぞく》を…娘《むすめ》を助《たす》けるために悪魔《あくま》に魂《たましい》を売《う》る」

医術《いじゅつ》の天才《てんさい》間黒男《はざまくろお》は、借金《しゃっきん》のせいで、健康《けんこう》な人間《にんげん》からの心臓《しんぞう》移植《いしょく》手術《しゅじゅつ》をおこなうことになってしまう。

幼《おさな》い時《とき》に不発弾《ふはつだん》の爆発《ばくはつ》にまきこまれた、主人公《しゅじんこう》の医学生《いがくせい》、間黒男《はざまくろお》は、自分《じぶん》と母《はは》の治療費《ちりょうひ》として莫大《ばくだい》な借金《しゃっきん》を背負《せお》っていました。

あるとき、黒男《くろお》は、新興宗教《しんこうしゅうきょう》の教祖《きょうそ》金山《かねやま》への心臓《しんぞう》移植《いしょく》の提供元《ていきょうもと》候補《こうほ》として、同《おな》じく借金《しゃっきん》を背負《せお》う、元軍医《もとぐんい》の藪医師《やぶいし》、妻《つま》と白血病《はっけつびょう》の娘《むすめ》を故郷《こきょう》に残《のこ》してきたフィリピン人《じん》、レイモンドなどとともに、借金取《しゃっきんと》りに拉致《らち》されてしまいます。

心臓《しんぞう》の提供《ていきょう》、つまり死《し》と引《ひ》きかえに借金《しゃっきん》の帳消《ちょうけ》しを約束《やくそく》され、覚悟《かくご》を決《き》めたレイモンドとは裏腹《うらはら》に、黒男《くろお》は自分《じぶん》の運命《うんめい》をなげきます。そのとき、金山《かねやま》の容態《ようだい》が悪化《あっか》し、すぐに手術《しゅじゅつ》が必要《ひつよう》となりますが、心臓《しんぞう》の移植《いしょく》手術《しゅじゅつ》が出来《でき》る医師《いし》が来《こ》られないという不測《ふそく》の事態《じたい》が発生《はっせい》します。

自分《じぶん》の命《いのち》と引《ひ》きかえに娘《むすめ》を救《すく》いたいという、レイモンドのうったえに心《こころ》を打《う》たれた黒男《くろお》は、身《み》につけていた自《みずか》らの天才《てんさい》的《てき》な医療《いりょう》技術《ぎじゅつ》を使《つか》い、かわりに移植《いしょく》手術《しゅじゅつ》をすることになります。

藪医師《やぶいし》の助《たす》けを借《か》りて、黒男《くろお》はレイモンドに麻酔《ますい》をかけ、心臓《しんぞう》を取《と》り出《だ》すべくメスをいれようとしますが、レイモンドの手《て》は、麻酔《ますい》をかける間際《まぎわ》に語《かた》った決意《けつい》とは裏腹《うらはら》にふるえ続《つづ》けていました。

◀人《ひと》の命《いのち》と人生《じんせい》を救《すく》うため罪《つみ》を犯《おか》す黒男《くろお》。天才《てんさい》外科医《げかい》の心《こころ》が救《すく》われる日《ひ》はくるのだろうか？

レイモンドのふるえる手に「俺《おれ》が手《て》にかけるのは一人《ひとり》の命《いのち》…」とつぶやく黒男《くろお》に、動揺《どうよう》をみた藪《やぶ》は「これはれっきとした人殺《ひとごろ》しだ」と指摘《してき》します。藪《やぶ》は、「自分《じぶん》から命《いのち》を捨《す》てたいと思《おも》うヤツなんていない」と、軍医《ぐんい》時代《じだい》の苦《にが》い経験《けいけん》を語《かた》った上《うえ》で、自分《じぶん》が救《すく》われたように、人《ひと》の命《いのち》を救《すく》うために医者《いしゃ》になるのだろう、悪党《あくとう》のために魂《たましい》を売《う》って人殺《ひとごろ》しになんてなるなと言《い》い、その説得《せっとく》を受《う》け入《い》れた黒男《くろお》はメスをはなします。

結局《けっきょく》、金山《かねやま》は限界《げんかい》をむかえて死《し》んでしまい、レイモンドや自分達《じぶんたち》の運命《うんめい》が決《き》まったかに思《おも》えました。あきらめきれない黒男《くろお》はレイモンドと金山《かねやま》の顔《かお》を見《み》るうちに、「悪党《あくとう》のために魂《たましい》は売《う》らない！　だが…俺《おれ》はレイモンドさんの家族《かぞく》を…娘《むすめ》を助《たす》けるために悪魔《あくま》に魂《たましい》を売《う》る」と、彼《かれ》や自分《じぶん》たちの運命《うんめい》を変《か》え、生《い》かし続《つづ》けるために、メスをにぎりなおすのでした。

たとえ極限状況《きょくげんじょうきょう》でも、人《ひと》としての倫理感《りんりかん》は決《けっ》して失《うしな》ってはならない。

自分《じぶん》や仲間《なかま》の生死《せいし》がかかった極限状況《きょくげんじょうきょう》では、その生命《せいめい》を守《まも》るために、法律《ほうりつ》や規則《きそく》を踏《ふ》み外《はず》さざるをえない状況《じょうきょう》に追《お》い込《こ》まれることもあります。しかし、それでも正当防衛《せいとうぼうえい》以上《いじょう》に人《ひと》を傷《きず》つけたり、命《いのち》を奪《うば》うことは絶対《ぜったい》に許《ゆる》されません。

若《わか》き日《ひ》の黒男《くろお》が、なぜ無免許医《むめんきょい》ブラック・ジャックとして生《い》きることになったのか、罪《つみ》を重《かさ》ね自分《じぶん》を傷《きず》つけ、なぜそれでも必死《ひっし》に命《いのち》を救《すく》い続《つづ》けるのか。彼《かれ》の消《け》せない過去《かこ》をヒントに、人間《にんげん》としてどうあるべきか、自分《じぶん》の考《かんが》えを深《ふか》めてみましょう。

医療行為《いりょうこうい》とは？

現代《げんだい》の日本《にほん》では、他《ほか》の人《ひと》の体《からだ》を傷《きず》つけたり、命《いのち》を奪《うば》ったりすることは、重大《じゅうだい》な犯罪行為《はんざいこうい》となります。しかし、病気《びょうき》やけがの治療《ちりょう》の上《うえ》では、毒《どく》ともなりうる薬品《やくひん》の投与《とうよ》や体《からだ》の一部《いちぶ》を切《き》り開《ひら》いたり取《と》り除《のぞ》いたりする手術《しゅじゅつ》など、人《ひと》の体《からだ》を傷《きず》つけざるを得《え》ない場合《ばあい》があります。そのため、医療《いりょう》に関《かん》する正《ただ》しい知識《ちしき》と倫理観《りんりかん》の元《もと》で、医師免許《いしめんきょ》、看護師免許《かんごしめんきょ》など、適切《てきせつ》な資格《しかく》を持《も》った者《もの》が行《おこな》う治療《ちりょう》は、人《ひと》を傷《きず》つける可能性《かのうせい》があっても、「医療行為《いりょうこうい》」として、犯罪《はんざい》には当《あ》たらない正当《せいとう》な業務《ぎょうむ》と認《みと》める規則《きそく》が国《くに》などにより定《さだ》められています。

作品紹介《さくひんしょうかい》

『ヤング ブラック・ジャック』

脚本《きゃくほん》：田畑由秋《たばたよしあき》　漫画《まんが》：大熊《おおくま》ゆうご　発行《はっこう》：秋田書店《あきたしょてん》

医師免許《いしめんきょ》を持《も》たず、法外《ほうがい》な治療費《ちりょうひ》を要求《ようきゅう》するが、手術《しゅじゅつ》の腕《うで》は空前絶後《くうぜんぜつご》と噂《うわさ》される『ブラック・ジャック』と呼《よ》ばれる男《おとこ》がいた。彼《かれ》がまだ、本名《ほんみょう》である間黒男《はざまくろお》と呼《よ》ばれていたころの若《わか》き日々《ひび》を描《えが》いた作品《さくひん》。間黒男《はざまくろお》は、かつて全身《ぜんしん》がバラバラになるような事故《じこ》から自分《じぶん》を救《すく》った医《い》師《し》にあこがれ、学生《がくせい》ながらも天才的《てんさいてき》な医療技《いりょうぎ》術《じゅつ》を既《すで》に身《み》につけていた。事故《じこ》による自分《じぶん》と母《はは》の治療費《ちりょうひ》の莫大《ばくだい》な借金《しゃっきん》を負《お》いながらも、まっとうな医師《いし》を目指《めざ》していた間《はざま》だったが……。

著者《ちょしゃ》プロフィール

脚本《きゃくほん》：田畑由秋《たばたよしあき》
1968年生《ねんう》まれ。漫画脚本家《まんがきゃくほんか》。1996年《ねん》「ヤングキングOURS」にて『コミックマスターJ』でデビュー。代表作《だいひょうさく》に『アクメツ』（作画《さくが》：余湖裕輝《よごゆうき》）、『ウルフガイ』（原作《げんさく》：平井和正《ひらいかずまさ》　作監《さっかん》：余湖裕輝《よごゆうき》　作画《さくが》：泉谷《いずみや》あゆみ）、『真《しん》マジンガーZERO』（原作《げんさく》：永井豪《ながいごう》　作画《さくが》：余湖裕輝《よごゆうき》）など。

漫画《まんが》：大熊《おおくま》ゆうご
1982年生《ねんう》まれ。2007年《ねん》チャンピオンREDにて『生《なま》ケモノ』でデビュー。代表作《だいひょうさく》に『真々田《ままだ》さんと生物部《せいぶつぶ》で』、『TCG（トレーディングカードゲーム）ファイアーエムブレム0《サイファ》』など。

「僕《ぼく》は生《い》きている 何度《なんど》でも どこからでも やり直《なお》せる」

著者《ちょしゃ》は、病院《びょういん》で、がんという病気《びょうき》の重《おも》さを知《し》った。

主人公《しゅじんこう》の武田《たけだ》は、漫画家《まんがか》のアシスタントとして働《はたら》いていましたが、35歳《さい》になってもプロ漫画家《まんがか》としてデビューできず、自分《じぶん》の将来《しょうらい》を見《み》つめなおしていました。そんな彼《かれ》の睾丸《こうがん》、いわゆる「キンタマ」の片方《かたほう》がはれ、検査《けんさ》の結果《けっか》、悪性《あくせい》の精巣腫瘍《せいそうしゅよう》である「がん」が見《み》つかります。

手術《しゅじゅつ》を無事《ぶじ》に終《お》え「片《かた》タマ」を失《うしな》った武田《たけだ》は、さらに肺《はい》にもがんが転移《てんい》しているとわかり、長期入院《ちょうきにゅういん》して「抗《こう》がん剤《ざい》」による治療《ちりょう》を受《う》けることになります。妻《つま》の支《ささ》えのもと、闘病《とうびょう》を続《つづ》ける中《なか》、武田《たけだ》は戦友《せんゆう》とも呼《よ》べる様々《さまざま》ながん患者《かんじゃ》に出会《であ》います。その中《なか》のひとり、遠山《とおやま》という老人《ろうじん》は大変《たいへん》な亭主関白《ていしゅかんぱく》で、妻《つま》にあれこれ指図《さしず》して「しっかりしろ」などと、文句《もんく》やきつい小言《こごと》を言《い》い続《つづ》けていました。

武田《たけだ》は、遠山《とおやま》の妻《つま》から遠山老人《とおやまろうじん》が、末期《まっき》がん患者《かんじゃ》であり、余命《よめい》3ヵ月《げつ》で近々《ちかぢか》、緩和《かんわ》ケア※施設《しせつ》に入《はい》るということを聞《き》き、「みんながみんな 良《よ》くなって出《で》て行《い》くわけじゃないんだ」と改《あらた》めて、がんという病気《びょうき》の重《おも》さを知《し》ります。

ここからもう一度《いちど》 やりなおす!!

武田《たけだ》は、遠山《とおやま》が強《つよ》い抗《こう》がん剤《ざい》の副作用《ふくさよう》に苦《くる》しみ、はき続《つづ》けていたとき、彼《かれ》から「治《なお》る病気《びょうき》でよかった。まだまだ可能性《かのうせい》のある若《わか》い方《かた》がこうして、病院《びょういん》にいるのはどんなに辛《つら》いだろうか。〈中略《ちゅうりゃく》〉奥《おく》さんもとても愛情《あいじょう》

悪性腫瘍《あくせいしゅよう》とは？

悪性腫瘍《あくせいしゅよう》とは、いわゆる「がん」の医学的《いがくてき》な呼称《こしょう》です。なんらかの原因《げんいん》で遺伝子《いでんし》(DNA)が変異《へんい》し、細胞《さいぼう》の異常《いじょう》な増殖《ぞうしょく》によってできる腫瘍《しゅよう》のうち「悪性《あくせい》」のもの、無制限《むせいげん》に周囲《しゅうい》の組織《そしき》に広《ひろ》がり続《つづ》け、血管《けっかん》やリンパ管《かん》などを通《とお》して転移《てんい》をおこすものを指《さ》します。

がんができた臓器《ぞうき》は正常《せいじょう》な機能《きのう》を保《たも》つことができなくなり、がん細胞《さいぼう》は異常《いじょう》に栄養《えいよう》を使《つか》い続《つづ》けるため体力《たいりょく》の消耗《しょうもう》がはげしく、病《やまい》を放置《ほうち》すれば、患者《かんじゃ》は死《し》にいたります。

がんは、2016年現在《ねんげんざい》も日本人《にほんじん》の死亡原因《しぼうげんいん》の三割弱《さんわりじゃく》を占《し》め、早期発見《そうきはっけん》がむずかしく、治《なお》りにくい病気《びょうき》です。

しかし医療技術《いりょうぎじゅつ》の発展《はってん》により、腫瘍《しゅよう》やそこにつながる血管《けっかん》やリンパ管《かん》などを切除《せつじょ》する手術《しゅじゅつ》、様々《さまざま》な抗《こう》がん剤《ざい》による化学療法《かがくりょうほう》、がん細胞《さいぼう》をねらって破壊《はかい》する放射線療法《ほうしゃせんりょうほう》など、発生部位《はっせいぶい》や症状《しょうじょう》に応《おう》じて治療法《ちりょうほう》がいくつも確立《かくりつ》され、進歩《しんぽ》しつづけており、がんが発見《はっけん》されてからの生存率《せいぞんりつ》も年々高《ねんねんたか》まっています。

※緩和《かんわ》ケア：もはや回復《かいふく》の見《み》こみが望《のぞ》めない患者《かんじゃ》に対《たい》し、できるだけ苦《くる》しまないように治療《ちりょう》・処置《しょち》をおこなうこと。

命の代わりに失《な》くしたものは　たいして重要なものじゃない
僕は生きてる
何度でも
どこからでも
やり直せる

▲強《つよ》い意志《いし》でがんと、その後《こう》遺症《いしょう》を克服《こくふく》した主人公《しゅじんこう》。たくさんの人《ひと》に支《ささ》えられた病院《びょういん》での日々《ひび》を忘《わす》れることはない。

深《ぶか》い　いい奥《おく》さんだ」と一度《いちど》だけ話《はな》しかけられ、はげまされたことがありました。

遠山《とおやま》が緩和《かんわ》ケア施設《しせつ》に移《うつ》ったあと、武田《たけだ》は彼《かれ》のくれた言葉《ことば》は、本当《ほんとう》は自分《じぶん》の妻《つま》に言《い》いたかったことだったのかもしれないと、思《おも》い返《かえ》します。遠山《とおやま》は、死《し》を覚悟《かくご》し、自分《じぶん》がいなくなったあと、愛《あい》する妻《つま》を心配《しんぱい》して小言《こごと》を言《い》い続《つづ》けていたのです。遠山《とおやま》の「まだまだ可能性《かのうせい》のある若《わか》い方《かた》」という、もうひとつの言葉《ことば》にも心《こころ》を動《うご》かされた武田《たけだ》は、漫画家《まんがか》としてデビューすることをふくめて、「ここからもう一度《いちど》　やりなおす!!」と決意《けつい》するのでした。

大《おお》きな病気《びょうき》やけがをすると、今《いま》までできたことができなくなります。著者《ちょしゃ》も、抗《こう》がん剤《ざい》の副作用《ふくさよう》で、生殖能力《せいしょくのうりょく》を失《うしな》い、さらには、末梢神経障害《まっしょうしんけいしょうがい》をおこし、握力《あくりょく》や指《ゆび》の動作《どうさ》などにも問題《もんだい》が出《で》て絵《え》を描《か》くにも大変《たいへん》な苦労《くろう》をしましたが、それを克服《こくふく》し絵柄《えがら》も個性《こせい》と評価《ひょうか》されるまでみがき、ついには本作《ほんさく》を描《か》き上《あ》げ漫《まん》画家《がか》としてデビューしたのです。

がんとの闘《たたか》いによって、命《いのち》のかわりに失《うしな》ったものは、とても多《おお》かったでしょう。しかし、それに負《ま》けない自分《じぶん》の意思《いし》と、支《ささ》えてくれた妻《つま》との絆《きずな》、職場《しょくば》や周囲《しゅうい》の仲間《なかま》たちの助《たす》けを得《え》て目《もく》的《てき》をやりとげることがかないました。

著者《ちょしゃ》プロフィール

著《ちょ》：武田一義《たけだかずよし》

2014年《ねん》、自身《じしん》の精巣腫瘍《せいそうしゅよう》の闘病《とうびょう》を描《えが》いたデビュー作《さく》『さよならタマちゃん』にて、マンガ大賞《たいしょう》2014第三位《だいさんい》を受賞《じゅしょう》。このほか代表作《だいひょうさく》に『おやこっこ』『ペリリュー ―楽園《らくえん》のゲルニカ―』などがある。

作品《さくひん》紹介《しょうかい》

『さよならタマちゃん』

著《ちょ》：武田一義《たけだかずよし》　発行《はっこう》：講談社《こうだんしゃ》

さよならタマちゃん
武田一義
EVENING KC

漫画家《まんがか》デビューを目指《めざ》し、アシスタントとして働《はたら》く35歳《さい》の著者《ちょしゃ》に、「精巣腫瘍《せいそうしゅよう》」という睾丸《こうがん》の悪性腫瘍《あくせいしゅよう》……いわゆるキンタマのがんが見《み》つかった。

腫瘍《しゅよう》でふくれ上《あ》がった片方《かたほう》の睾丸《こうがん》、「タマ」を除去《じょきょ》する手術《しゅじゅつ》はアッサリと終《お》わるが、がんは肺《はい》にも転移《てんい》しており長期《ちょうき》にわたる抗《こう》がん剤《ざい》での治療《ちりょう》を始《はじ》めることになる。

抗《こう》がん剤《ざい》の強《つよ》い副作用《ふくさよう》に悩《なや》まされながら、自分《じぶん》の将来《しょうらい》を考《かんが》え続《つづ》けた闘病記《とうびょうき》を軸《じく》に、入院中《にゅういんちゅう》に出会《であ》った人々《ひとびと》の人《にん》間模様《げんもよう》や、漫画《まんが》の師匠《ししょう》や妻《つま》の優《やさ》しさ、そして希望《きぼう》を、コミカルなタッチで描《えが》いた、エッセイ漫画《まんが》。

「見《み》えているものだけが世界《せかい》の全《すべ》てではない〈中略《ちゅうりゃく》〉見《み》えないものでも見《み》ようと…写《うつ》そうと努力《どりょく》すれば写《うつ》すことができるんだ」

診療《しんりょう》放射線技師《ほうしゃせんぎし》の唯織《いおり》は、患者《かんじゃ》の話《はなし》から本当《ほんとう》の病名《びょうめい》を推測《すいそく》し、MRI画像《がぞう》の補正《ほせい》に挑戦《ちょうせん》する。

急《いそ》いで菊島《きくしま》の脳《のう》のMRI（磁気共鳴画像《じききょうめいがぞう》）やCT（X線《せん》によるコンピューター断層撮影《だんそうさつえい》）が撮《と》られますが、彼《かれ》は外国製《がいこくせい》の特殊《とくしゅ》な銀歯《ぎんば》を入《い》れていたため、金属《きんぞく》アーチファクトという現象《げんしょう》がおき患部《かんぶ》の正《ただ》しい画像《がぞう》が得《え》られません。

菊島《きくしま》は、以前《いぜん》、脳動脈瘤《のうどうみゃくりゅう》の手術《しゅじゅつ》を受《う》けており、頭痛《ずつう》が患部《かんぶ》の再破裂《さいはれつ》の兆候《ちょうこう》である可能性《かのうせい》もあり、病状《しょうじょう》の特定《とくてい》が急《いそ》がれます。しかし、画像《がぞう》の映《うつ》りを良《よ》くする造影剤《ぞうえいざい》も、アレルギーがあり使《つか》えず、手《て》づまりとなります。

主人公《しゅじんこう》の診療放射線技師《しんりょうほうしゃせんぎし》、五十嵐唯織《いがらしいおり》は、あこがれのおさななじみ、甘春杏《あまかすあん》が放射線《ほうしゃせん》科医《かい》を務《つと》める病院《びょういん》の、機械《きかい》を使《つか》った検査《けんさ》と診断《しんだん》を専門《せんもん》におこなう部署《ぶしょ》「ラジエーションハウス」に採用《さいよう》されます。

コミュニティ障害《しょうがい》を持《も》つ唯織《いおり》が、再会《さいかい》した杏《あん》におさななじみであることを伝《つた》えられず、また、たかが放射線技師《ほうしゃせんぎし》と馬鹿《ばか》にされ落《お》ちこむ中《なか》、頭痛《ずつう》をうったえる著名《ちょめい》な写真《しゃしん》家《か》の患者《かんじゃ》、菊島《きくしま》が院内《いんない》でたおれる事態《じたい》が発生《はっせい》します。

見えているものだけが世界の全てではない見えないのは…見ようとしないからだと…

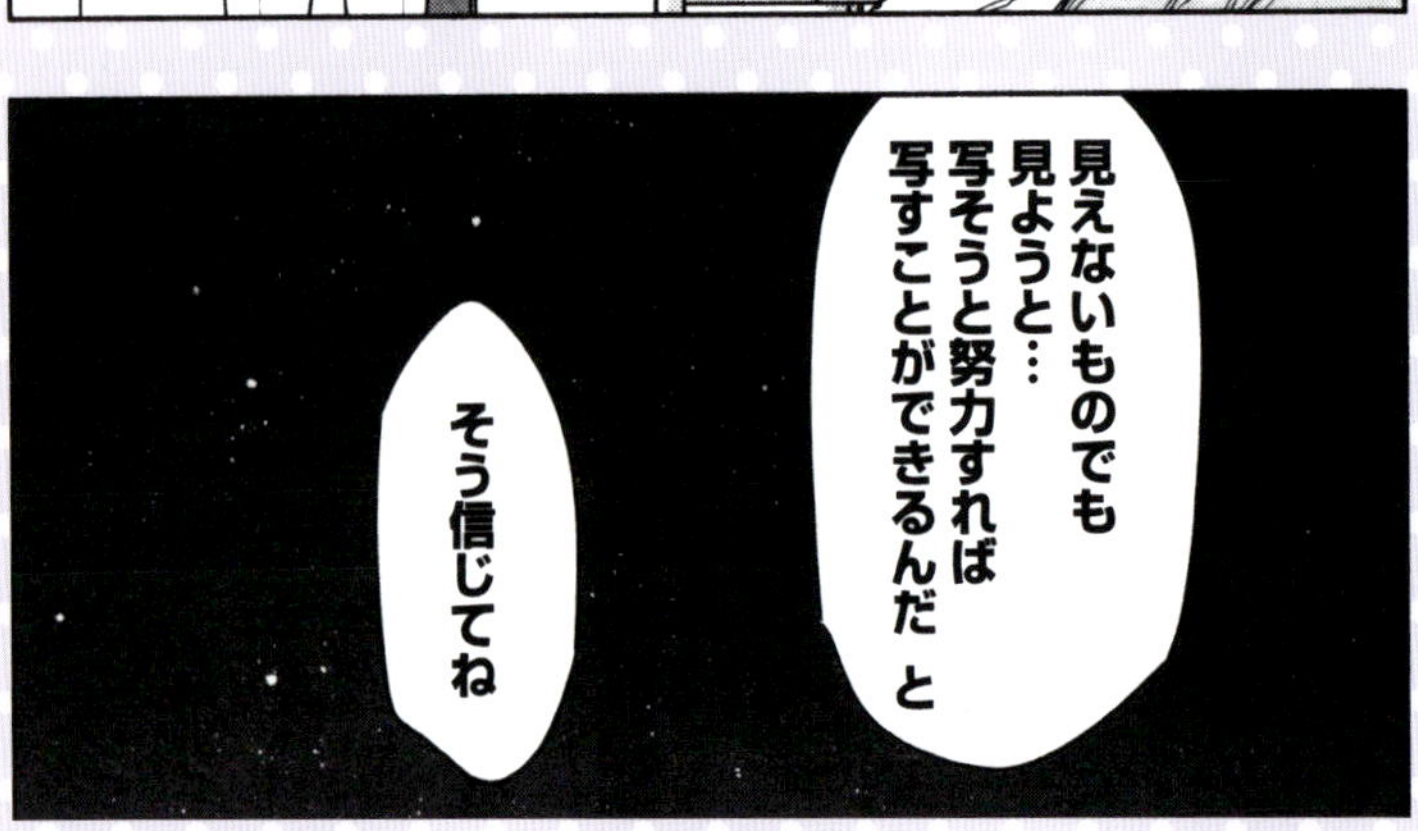

見えないものでも見ようと…写そうと努力すれば写すことができるんだ と
そう信じてね

◀菊島《きくしま》がボリビアのウユニ塩湖《えんこ》で撮《と》った写真《しゃしん》を見《み》る唯織《いおり》。写真家《しゃしんか》の信念《しんねん》が病気《びょうき》の原因《げんいん》発見《はっけん》のヒントにつながる。

見《み》えていることからこぼれ落《お》ちているところは推測《すいそく》により補《おぎな》える。しかし、確証《かくしょう》を得《え》るためには推測《すいそく》だけでは足《た》りず、具体的《ぐたいてき》な証拠《しょうこ》をつかむ必要《ひつよう》がある。

そんなとき、唯織《いおり》は、偶然《ぐうぜん》入《はい》ることになった病室《びょうしつ》で菊島《きくしま》と会《あ》います。菊島《きくしま》は唯織《いおり》の患者《かんじゃ》ではありませんでしたが、ちょっとした知《し》り合《あ》いだったため、世間話《せけんばなし》をすることになります。

菊島《きくしま》から、MRIの正《ただ》しい画像《がぞう》が撮《と》れず入院《にゅういん》し続《つづ》けるしかないため、娘《むすめ》の結婚式《けっこんしき》の写真《しゃしん》を撮《と》れないという失望《しつぼう》を聞《き》いた唯織《いおり》は、もう一度《いちど》MRIを撮《と》らせてほしいと言《い》います。

菊島《きくしま》の、「見《み》えているものだけが世界《せかい》の全《すべ》てではない　見《み》えないのは…見《み》ようとしないからだと…見《み》えないものでも見《み》ようと…写《うつ》そうと努力《どりょく》すれば　写《うつ》すことができるんだと　そう信《しん》じてね」という言葉《ことば》に心《こころ》を動《うご》かされた唯織《いおり》は、自分《じぶん》の技術《ぎじゅつ》をもってすれば画像診断《がぞうしんだん》にもまだできることがあると感《かん》じたのでした。

唯織《いおり》は、普段《ふだん》は捨《す》てられる「位相画像《いそうがぞう》」を使《つか》い、欠《か》けた部分《ぶぶん》を補正《ほせい》し正《ただ》しいMRIの画像《がぞう》を得《え》ることに成功《せいこう》します。その結果《けっか》、菊島《きくしま》の症状《しょうじょう》は、脳《のう》に住《す》みついた寄生虫《きせいちゅう》によるものだということをつきとめ、彼《かれ》を長期《ちょうき》の入院《にゅういん》から救《すく》うことができたのです。

医療《いりょう》において、決定的《けっていてき》な証拠《しょうこ》や、推測《すいそく》の根拠《こんきょ》となるデータを得《え》る場所《ばしょ》、それが放射線科《ほうしゃせんか》、本作《ほんさく》における「ラジエーションハウス」なのです。

放射線科医《ほうしゃせんかい》とは？

物質《ぶっしつ》が透過《とうか》できる高《こう》エネルギーの電磁波《でんじは》「X線《せん》（電離放射線《でんりほうしゃせん》）」による、X線画像《せんがぞう》、CTを使《つか》った診断《しんだん》や、X線《せん》、電子線《でんしせん》を患部《かんぶ》に当《あ》て、がんなどの悪性細胞《あくせいさいぼう》を殺《ころ》す治療《ちりょう》を専門《せんもん》におこなう医師《いし》を「放射線科医《ほうしゃせんかい》」と呼《よ》びます。

かつては、ひとりの医師《いし》が診断《しんだん》と治療《ちりょう》の両方《りょうほう》をおこなっていましたが、現在《げんざい》では役割《やくわり》が分担《ぶんたん》され、国家資格《こっかしかく》でも「放射線診断専門医《ほうしゃせんしんだんせんもんい》（診断医《しんだんい》）」と「放射線治療専門医《ほうしゃせんちりょうせんもんい》（治療医《ちりょうい》）」のふたつに分《わ》けられています。

作品紹介《さくひんしょうかい》

『ラジエーションハウス』

脚本《きゃくほん》：横幕智裕《よこまくともひろ》　漫画《まんが》：モリタイシ　発行《はっこう》：集英社《しゅうえいしゃ》

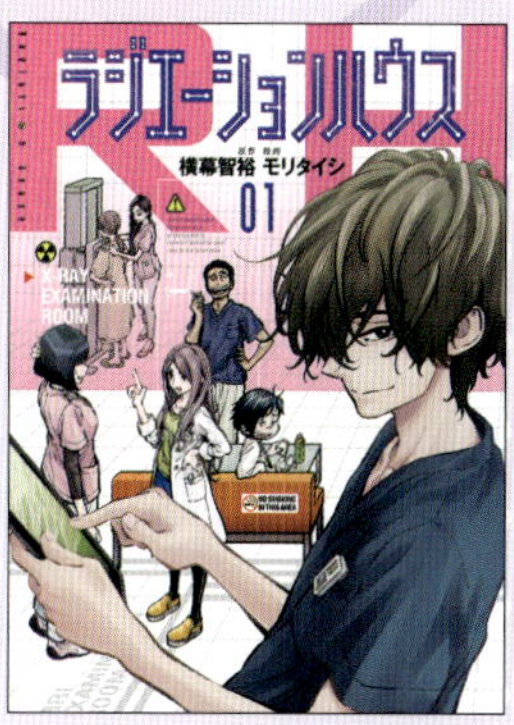

コミュニティ障害《しょうがい》をかかえながらも、CTやMRIの撮影《さつえい》技術《ぎじゅつ》と画像診断《がぞうしんだん》に天分《てんぶん》の才《さい》を持《も》つ、主人公《しゅじんこう》の五十嵐《いがらし》唯織《いおり》。人付《ひとづ》き合《あ》いの下手《へた》さから務《つと》めていた病院《びょういん》をクビになったが、唯織《いおり》は、おさななじみの甘春杏《あまかすあん》が働《はたら》く病院《びょういん》の、放射線科《ほうしゃせんか》の検査《けんさ》と画像診断《がぞうしんだん》を専門《せんもん》におこなう部署《ぶしょ》に採用《さいよう》される。

著者《ちょしゃ》プロフィール

脚本《きゃくほん》：横幕智裕《よこまくともひろ》

北海道出身《ほっかいどうしゅっしん》。脚本家《きゃくほんか》、マンガ原作者《げんさくしゃ》、構成作家《こうせいさっか》。ドラマ『明日《あす》をあきらめない…がれきの中《なか》の新聞社《しんぶんしゃ》～河北新報《かわきたしんぽう》のいちばん長《なが》い日《ひ》～』にて、東京《とうきょう》ドラマアワード2012単発《たんぱつ》ドラマ部門《ぶもん》グランプリおよび第《だい》8回《かい》日本《にほん》民間放送連盟《みんかんほうそうれんめい》日本《にほん》放送文化大賞《ほうそうぶんかたいしょう》グランプリを受賞《じゅしょう》。代表作《だいひょうさく》に、竹谷州史《たけやしゅうじ》作画《さくが》の漫画《まんが》『Smoking Gun 民間科捜研調査員《みんかんかそうけんちょうさいん》 流田縁《ながれたえにし》』、ドラマ『明日《あす》をあきらめないがれきの中《なか》の新聞社《しんぶんしゃ》』などがある。

漫画《まんが》：モリタイシ

1976年《ねん》生《う》まれ。三重県出身《みえけんしゅっしん》。漫画家《まんがか》。1999年《ねん》、『ちょんまげ番長《ばんちょう》』にて、まんがカレッジ 佳作入賞《かさくにゅうしょう》。2002年《ねん》、「週刊少年《しゅうかんしょうねん》サンデー」（小学館刊《しょうがくかんかん》）より『県立《けんりつ》伊手高柔道部物語《いでこうじゅうどうぶものがたり》 いでじゅう！』にて連載《れんさい》デビュー。代表作《だいひょうさく》に、『RANGEMAN』、『まねこい』、『今日《きょう》のあすかショー』などがある。

「人《ひと》は屍《しかばね》になって皆《みな》尊《とうと》い命《いのち》だったと思《おも》い至《いた》ります」

人体構造《じんたいこうぞう》の真実《しんじつ》を知《し》らないことには、これからの日本《にほん》の医術《いじゅつ》の発展《はってん》はない。

1771年《ねん》3月《がつ》4日《か》の早朝《そうちょう》、杉田玄白《すぎたげんぱく》、前野良沢《まえのりょうたく》、中川淳庵《なかがわじゅんあん》の3人《にん》の医者《いしゃ》は、役人《やくにん》から千住小塚原刑場《せんじゅこづかはらけいじょう》で刑死者《けいししゃ》の腑分《ふわ》け※に立《た》ち会《あ》う許可《きょか》をもらい、道《みち》を急《いそ》ぎました。

前野《まえの》と中川《なかがわ》はふたりでオランダ語《ご》の解剖書《かいぼうしょ》『ターヘル・アナトミア』を入手《にゅうしゅ》し、そこに描《えが》かれている人体《じんたい》の内部解剖図《ないぶかいぼうず》と中国《ちゅうごく》から伝《つた》わる医術書《いじゅつしょ》でそれまで学《まな》んでいた不確《ふたし》かな人体《じんたい》の内部《ないぶ》のちがいにおどろき、強《つよ》いショックを覚《おぼ》えていました。

良沢《りょうたく》ひとりが多少《たしょう》オランダ語《ご》を読《よ》める程度《ていど》の語学知識《ごがくちしき》で、3人《にん》とも腑分《ふわ》けははじめてに近《ちか》い経験《けいけん》でした。そしてここで何《なん》としても人《じん》

※腑分《ふわ》け　幕府《ばくふ》の許可《きょか》のもとにおこなわれる人体解剖《じんたいかいぼう》のこと。

お武家《ぶけ》も
僧《そう》も罪人《つみびと》も
皆《みな》 同《おな》じ骨《ほね》 同《おな》じ臓腑《ぞうふ》を 持《も》っております
人《ひと》は屍《しかばね》になって 皆《みな》 尊《とうと》い命《いのち》だったと 思《おも》い至《いた》ります……

どうぞこの 観臓《かんぞう》の日《ひ》の 経験《けいけん》を
お役《やく》に立《た》てて いただきますよう お願《ねが》いいたします
そう言《い》って 老人《ろうじん》は深々《ふかぶか》と 頭《あたま》を下《さ》げた

ざわわ…

◀老人《ろうじん》は3人《にん》の人体《じんたい》に対《たい》しての探求心《たんきゅうしん》に強《つよ》く心《こころ》を打《う》たれた。

（改訂版《かいていばん》）週刊《しゅうかん》マンガ日本史《にほんし》59　杉田玄白《すぎたげんぱく》

体構造《たいこうぞう》の真実《しんじつ》を知《し》らないことには、これからの日本《にほん》の医術《いじゅつ》の発展《はってん》はないと強《つよ》く思《おも》っていたのです。彼《かれ》らはその日《ひ》、『ターヘル・アナトミア』を持《も》って腑分《ふわ》けにのぞみます。

小塚原《こづかはら》の刑場《けいじょう》では、腑分《ふわ》けの執刀《しっとう》をする老人《ろうじん》に挨拶《あいさつ》をし、彼《かれ》の進《すす》める手順《てじゅん》にしたがって、腑分《ふわ》けを見学《けんがく》します。遺体《いたい》にふれる、腑分《ふわ》けに手《て》を出《だ》すことはお役人《やくにん》から、禁《きん》じられていました。腑分《ふわ》けをする老人《ろうじん》は首《くび》をはねられた老婆《ろうば》の受刑者《じゅけいしゃ》の遺体《いたい》に小刀《こがたな》を入《い》れて、体内《たいない》の臓器《ぞうき》を取《と》り出《だ》していきます。彼《かれ》はそれらをひとつずつ体内《たいない》から取《と》り出《だ》して、3人《にん》にそれぞれの臓器《ぞうき》の名前《なまえ》を説明《せつめい》していきます。

3人《にん》はその体内《たいない》の臓器《ぞうき》を見《み》ながら、手元《てもと》の『ターヘル・アナトミア』の図《ず》と見《み》くらべ、オランダの医学書《いがくしょ》の解剖図《かいぼうず》の正確《せいかく》さにおどろきます。

玄白《げんぱく》は感動《かんどう》して言《い》います。「美《うつく》しい。生《い》きているうちはいろいろあり心《こころ》が汚《けが》れてしまったのですか。ですが臓腑《ぞうふ》はなぜこのように美《うつく》しいのか……」と。老人《ろうじん》はそれに答《こた》えます。「心《こころ》は人《ひと》がつくり臓腑《ぞうふ》は天《てん》がつくったということです」

臓腑《ぞうふ》の腑分《ふわ》けの後《のち》、老人《ろうじん》はたいがいはこのくらいで見学《けんがく》を終《お》えると、3人《にん》に説明《せつめい》します。しかし、3人《にん》は腹《はら》の一部《いちぶ》だけでなく手《て》や足《あし》、背《せ》や頭部《とうぶ》も、すべて見《み》せてほしいと老人《ろうじん》にたのみます。

そうして全身《ぜんしん》の解剖《かいぼう》を見学《けんがく》し終《お》え、その後《ご》も夜《よ》が明《あ》けても、小塚原《こづかはら》の刑場《けいじょう》に落《お》ちている骨《ほね》の様子《ようす》までことごとく見《み》られるものは調《しら》べました。その3人《にん》の姿勢《しせい》に、老人《ろうじん》は感動《かんどう》したようでした。

老人《ろうじん》は「人《ひと》は屍《しかばね》になって皆尊《みなとうと》い命《いのち》だったと思《おも》い至《いた》ります」と語《かた》ります。そして、人《ひと》はみな同《おな》じ臓腑《ぞうふ》を持《も》っている。その日《ひ》の経験《けいけん》を役《やく》立《だ》ててほしいと深《ふか》く頭《あたま》を下《さ》げたのでした。

3人《にん》はその老人《ろうじん》の態度《たいど》に心《こころ》をうたれます。それから3人《にん》はわずかな資料《しりょう》とオランダ語《ご》の単語集《たんごしゅう》、辞書《じしょ》をたよりに4年《ねん》かけて『ターヘル・アナトミア』を翻訳《ほんやく》し、『解体新書《かいたいしんしょ》』の出版《しゅっぱん》を成《な》しとげたのでした。

解体新書《かいたいしんしょ》とは？

杉田玄白《すぎたげんぱく》らが執筆《しっぴつ》した日本《にほん》で初《はじ》めての翻訳解剖書《ほんやくかいぼうしょ》。本文全《ほんぶんぜん》4巻《かん》と解剖図《かいぼうず》1巻《かん》の全《ぜん》5巻構成《かんこうせい》。この本《ほん》の出版《しゅっぱん》を機《き》に西洋文《せいようぶん》化《か》を日本《にほん》に取《と》りいれようという機運《きうん》が広《ひろ》まっていきました。また、玄白《げんぱく》は80歳《さい》を過《す》ぎて『蘭学事始《らんがくことはじめ》』を出版《しゅっぱん》しています。そこには「一滴《いってき》の油《あぶら》を大《おお》きな池《いけ》に落《お》とせば池《いけ》いっぱいに広《ひろ》がるように、そんなふうに始《はじ》まりは前野良沢《まえのりょうたく》、中川淳庵《なかがわじゅんあん》、わたしの3人《にん》がふと思《おも》いついたことでした」という意味深《いみぶか》い文章《ぶんしょう》が書《か》かれています。

作品《さくひん》紹介《しょうかい》

『（改訂版《かいていばん》）週刊《しゅうかん》マンガ日本史《にほんし》59　杉田玄白《すぎたげんぱく》』
漫画《まんが》：六田登《ろくだのぼる》　発行《はっこう》：朝日新聞出版《あさひしんぶんしゅっぱん》

徳川家光《とくがわいえみつ》がオランダ以外《いがい》の諸外国《しょがいこく》との交流《こうりゅう》を絶《た》ち、鎖国《さこく》をしてから100年以上《ねんいじょう》が経過《けいか》していた時代《じだい》。徳川吉宗《とくがわよしむね》がオランダからの書物《しょもつ》の輸入《ゆにゅう》を一部認《いちぶみと》めたことがきっかけになって蘭学《らんがく》(西洋《せいよう》の学問《がくもん》)を学《まな》ぶ人間《にんげん》が日本《にほん》に増《ふ》えていった。

小浜藩《おばまはん》の医者《いしゃ》・杉田玄白《すぎたげんぱく》はオランダ語《ご》の解剖書《かいぼうしょ》『ターヘル・アナトミア』を入手《にゅうしゅ》し、そこに描《えが》かれていた内容《ないよう》が、これまで自分《じぶん》が中国《ちゅうごく》の医術書《いじゅつしょ》で学《まな》んだ人体内部《じんたいないぶ》とあまりにも違《ちが》うことに愕然《がくぜん》として、体《からだ》の中《なか》を見《み》てみたいという強《つよ》い衝動《しょうどう》におそわれる。そして、彼《かれ》は腑分《ふわ》けに立《た》ち合《あ》って人体《じんたい》について学《まな》び、後《のち》に『解体新書《かいたいしんしょ》』を出版《しゅっぱん》する。

著者《ちょしゃ》プロフィール

六田登《ろくだのぼる》
1952年《ねん》生《う》まれ。代表作《だいひょうさく》『ダッシュ勝平《かっぺい》』『F《エフ》』（第《だい》36回《かい》小学館漫画賞受賞作《しょうがくかんまんがしょうじゅしょうさく》）ほか多数《たすう》。

「わしはくやしい!! 残念《ざんねん》だ!! おまえを……なんとかして治《なお》したかったんじゃが……」

救《すく》うことができなかった。医者《いしゃ》たちの悔《くや》しい思《おも》いが、医療《いりょう》の発展《はってん》をささえている。

幕末《ばくまつ》、コレラ患者《かんじゃ》が発症《はっしょう》していたアメリカの交易船《こうえきせん》が長崎《ながさき》に寄港《きこう》します。疫病《えきびょう》コロリ(アジア・コレラ) はたちまち日本人《にほんじん》に感染《かんせん》、日本列島《にほんれっとう》を駆《か》け上《のぼ》って江戸《えど》の町《まち》に広《ひろ》まっていきます。

疫病《えきびょう》は箱根《はこね》から東《ひがし》には来《こ》ないとたかをくくっていた医者《いしゃ》の手塚良庵《てづかりょうあん》でしたが、コロリは海《うみ》を越《こ》えて大阪《おおさか》から江戸《えど》に一気《いっき》に広《ひろ》まっていきました。

コロリの正体《しょうたい》は、当時《とうじ》の日本《にほん》の医学《いがく》では

◀良仙《りょうせん》、良庵《りょうあん》、家族《かぞく》は母《はは》の枕元《まくらもと》に集《あつ》まり、母《はは》の死《し》を悲《かな》しみました。

陽《ひ》だまりの樹《き》

まったくわからなかったため、イワシの毒《どく》だとか、地《ち》の中《なか》の胞《ほう》鬼《き》という鬼《おに》が水《みず》をよごしておこる病《やまい》といったデマが次々《つぎつぎ》と流《なが》され、それを使《つか》った詐《さ》欺《ぎ》も横《おう》行《こう》しました。薬《くすり》屋《や》はきかない薬《くすり》を売《う》りさばき、そこの店《てん》主《しゅ》がコロリにかかってたおれてしまうということもありました。

良《りょう》庵《あん》が通《かよ》うお紺《こん》の店《みせ》では、ニンニクを鉄《てつ》火《ひ》鉢《ばち》でいぶしたり、八《や》つ手《で》を窓《まど》にぶら下《さ》げたり、お札《ふだ》を門《かど》先《さき》にはったりしますが効《こう》果《か》はありませんでした。ある日《ひ》、お紺《こん》もコレラにかかってしまいます。使《つか》いの者《もの》を良《りょう》庵《あん》のもとに走《はし》らせ、助《たす》けを求《もと》めます。

何《なん》日《にち》もの看《かん》病《びょう》のすえ、お紺《こん》は一《いち》命《めい》をとりとめますが、良《りょう》庵《あん》の家《いえ》ではその間《かん》に、母《はは》がコロリに感《かん》染《せん》し、死《し》にかけていました。家《いえ》にもどって母《はは》の死《し》に目《め》には間《ま》に合《あ》った良《りょう》庵《あん》ですが、良《りょう》庵《あん》の父《ちち》、良《りょう》仙《せん》は、妻《つま》の死《し》に目《め》に、こう言《い》います。「わしはくやしい‼ 残《ざん》念《ねん》だ‼ おまえを……なんとかして治《なお》したかったんじゃが……」

その後《ご》、良《りょう》庵《あん》の母《はは》は家《か》族《ぞく》に見《み》守《まも》られて息《いき》を引《ひ》き取《と》りました。良《りょう》仙《せん》、良《りょう》庵《あん》はその悲《かな》しみを押《お》し殺《ころ》して、診《しん》療《りょう》所《じょ》中《じゅう》にたおれているコロリ患《かん》者《じゃ》の看《かん》護《ご》にもどるのでした。

良《りょう》庵《あん》たち蘭《らん》学《がく》医《い》は漢《かん》方《ぽう》医《い》にくらべて、西《せい》洋《よう》の医《い》学《がく》を積《せっ》極《きょく》的《てき》に学《まな》び、江《え》戸《ど》に広《ひろ》まったコロリの被《ひ》害《がい》をある程《てい》度《ど》までおさえることに成《せい》功《こう》しました。しかしコレラ菌《きん》の存《そん》在《ざい》が発《はっ》見《けん》されるずっと前《まえ》のことだったため根《こん》本《ぽん》的《てき》な治《ち》療《りょう》はできず、その結《けっ》果《か》、大《たい》切《せつ》な家《か》族《ぞく》、江《え》戸《ど》の人《ひと》たちの多《おお》くを救《すく》うことはできませんでした。

良《りょう》庵《あん》たちが感《かん》じた医《い》者《しゃ》たちの口《くち》惜《お》しさが、次《つぎ》の病《やまい》を克《こく》服《ふく》していく強《つよ》い探《たん》求《きゅう》心《しん》を生《う》んでいったのです。

コレラの流行《りゅうこう》

幕末《ばくまつ》のコレラの大流行《だいりゅうこう》には2説《せつ》あり、江戸《えど》だけでも数万人以上《すうまんにんいじょう》の死者《ししゃ》が出《で》たという文献《ぶんけん》と、江戸《えど》には蔓延《まんえん》しなかったという説《せつ》があります。

蔓延《まんえん》しなかったという説《せつ》の根拠《こんきょ》は、空気感染《くうきかんせん》しないコロリの場合《ばあい》、箱根《はこね》の関所《せきしょ》があった江戸時代《えどじだい》、旅人《たびびと》の動向《どうこう》をおさえることができたという理由《りゆう》からです。関所《せきしょ》が廃止《はいし》された明治時代《めいじじだい》のコレラの流行《りゅうこう》の死傷者《ししょうしゃ》は10万人《まんにん》を超《こ》えています。

著《ちょ》者《しゃ》プロフィール

手《て》塚《づか》治《おさ》虫《む》

1928年《ねん》（昭《しょう》和《わ》3年《ねん》）生《う》まれ。虫《むし》プロダクションを設《せつ》立《りつ》し日《に》本《ほん》初《はつ》、テレビアニメシリーズ『鉄《てつ》腕《わん》アトム』を制《せい》作《さく》、発《はっ》表《ぴょう》。『ブラック・ジャック』『三《み》つ目《め》がとおる』『ブッダ』他《ほか》、多《た》数《すう》の名《めい》作《さく》を執《しっ》筆《ぴつ》。また青《せい》年《ねん》コミック誌《し》上《じょう》でも傑《けっ》作《さく》を多《た》数《すう》発《はっ》表《ぴょう》、『陽《ひ》だまりの樹《き》』『アドルフに告《つ》ぐ』などを残《のこ》す。デビューから死《し》去《きょ》まで常《つね》に第《だい》一《いっ》線《せん》で作《さく》品《ひん》を発《はっ》表《ぴょう》し、「マンガの神《かみ》様《さま》」と言《い》われた。

作品《さくひん》紹介《しょうかい》

『陽《ひ》だまりの樹《き》』

著《ちょ》：手塚治虫《てづかおさむ》　発行《はっこう》：小学館《しょうがくかん》

松平播磨守《まつだいらはりまのかみ》2万石《まんごく》の小大名《しょうだいみょう》に使《つか》えている武士《ぶし》、伊武谷万二郎《いぶやまんじろう》と江戸《えど》の蘭学医師《らんがくいし》、手塚良仙《てづかりょうせん》のせがれ良庵《りょうあん》のふたりの若者《わかもの》は、幕末《ばくまつ》から明治維新《めいじいしん》の時代《じだい》の転換期《てんかんき》をそれぞれの立場《たちば》と職業《しょくぎょう》を背負《せお》って必死《ひっし》に生《い》きぬいていく。

当時《とうじ》、鎖国《さこく》をおこなっていた日本《にほん》に、開港《かいこう》と通商条約《つうしょうじょうやく》の締結《ていけつ》を求《もと》めてアメリカの黒船《くろふね》が訪《おとず》れる。

そんな中《なか》で、ふたりは時代《じだい》の大波《おおなみ》にもまれつつ、それぞれの立場《たちば》から日本《にほん》の目指《めざ》すべき新《あたら》しい形《かたち》を模索《もさく》し、懸命《けんめい》に生《い》きていく。

いくつもの障害《しょうがい》をかかえ、早産《そうざん》で生《う》まれた「穂並《ほなみ》」はNICUで手《て》厚《あつ》い治《ち》療《りょう》を受《う》けたが……。

著《ちょ》者《しゃ》の仙《せん》道《どう》ますみが帝《てい》王《おう》切《せっ》開《かい》（母《はは》親《おや》のお腹《なか》を切《き》っての出《しゅっ》産《さん》）のすえ産《う》んだ子《こ》は、860グラムの未《み》熟《じゅく》児《じ》で、肋《ろっ》骨《こつ》の数《かず》の異《い》常《じょう》や心《しん》臓《ぞう》に重《おも》い障《しょう》害《がい》をかかえていました。

成《せい》功《こう》率《りつ》50％という心《しん》臓《ぞう》への緊《きん》急《きゅう》手《しゅ》術《じゅつ》をなんとか乗《の》りきった赤《あか》ちゃんは「穂《ほ》並《なみ》」と名《な》づけられ、NICUで呼《こ》吸《きゅう》器《き》や点《てん》滴《てき》などをつけ、医《い》師《し》や看《かん》護《ご》師《し》の手《て》厚《あつ》い保《ほ》護《ご》と治《ち》療《りょう》措《そ》置《ち》の元《もと》、日《ひ》々《び》を送《おく》ることとなります。

そんな中《なか》、著《ちょ》者《しゃ》たち夫《ふう》婦《ふ》は、穂《ほ》並《なみ》が左《さ》右《ゆう》の目《め》とも見《み》えないことを知《し》らされます。ショックを受《う》ける夫《ふう》婦《ふ》でしたが、さらに、穂《ほ》並《なみ》は両《りょう》耳《みみ》も聞《き》こえていないという検《けん》査《さ》結《けっ》果《か》を知《し》り、目《め》や耳《みみ》に障《しょう》害《がい》をかかえた我《わ》が子《こ》の行《ゆ》く末《すえ》を案《あん》じるのでした。

そして、ある程《てい》度《ど》まで体《たい》重《じゅう》が増《ふ》え、成《せい》長《ちょう》してからおこなう予《よ》定《てい》だった本《ほん》格《かく》的《てき》な手《しゅ》術《じゅつ》実《じっ》施《し》まであと2日《か》となった日《ひ》、突《とつ》然《ぜん》病《びょう》院《いん》から穂《ほ》並《なみ》が心《しん》停《てい》止《し》したという連《れん》絡《らく》が入《はい》ります。

「もし最《さい》初《しょ》から数《かず》々《かず》の障《しょう》害《がい》がわかっていたら…私《わたし》たちは心《こころ》が折《お》れてしまっていたかもしれない――私《わたし》たちは先《せん》生《せい》達《たち》の優《やさ》しい嘘《うそ》にとても救《すく》われた気《き》がした――」

夫《ふう》婦《ふ》はNICUにかけつけますが、心《しん》臓《ぞう》マッサージと大《たい》量《りょう》の蘇《そ》生《せい》薬《やく》でなんとか延《えん》命《めい》されていた穂《ほ》並《なみ》の体《からだ》は、すでに限《げん》界《かい》をむかえていました。

懸《けん》命《めい》に命《いのち》をつなぐ医《い》師《し》や看《かん》護《ご》師《し》に感《かん》謝《しゃ》した夫《ふう》婦《ふ》は、蘇《そ》生《せい》措《そ》置《ち》をもうしなくていいと伝《つた》え、穂《ほ》並《なみ》は短《みじか》い生《しょう》涯《がい》を閉《と》じたのでした。

葬《そう》儀《ぎ》を終《お》えた後《あと》、夫《ふう》婦《ふ》は、死《し》亡《ぼう》診《しん》断《だん》書《しょ》を見《み》ます。そして、医《い》師《し》は最《さい》初《しょ》から症《しょう》例《れい》的《てき》にたいへんな障《しょう》害《がい》があることが、ある程《てい》度《ど》わかっていながら、穂《ほ》並《なみ》に「生《い》きる力《ちから》」を、両《りょう》親《しん》に「生《い》かす力《ちから》」を持《も》たせるために、あえて、著《ちょ》者《しゃ》たち夫《ふう》婦《ふ》にはそれを伝《つた》えていなかったことを知《し》ります。

医《い》師《し》の、希《き》望《ぼう》を捨《す》てさせない優《やさ》しい嘘《うそ》を察《さっ》した夫《ふう》婦《ふ》は、「もし最《さい》初《しょ》から数《かず》々《かず》の障《しょう》害《がい》がわかっていたら…私《わたし》たちは心《こころ》が折《お》れてしまっていたかもしれない——私《わたし》たちは先生達《せんせいたち》の優《やさ》しい嘘《うそ》にとても救《すく》われた気《き》がした——」と、感謝《かんしゃ》の言葉《ことば》を思《おも》い浮《う》かべるのでした。

自分《じぶん》を守《まも》るために、事実《じじつ》でないことを言《い》ったり、意図的《いとてき》に情報《じょうほう》の一部《いちぶ》を話《はな》さなかったりすることは、他《ほか》の人《ひと》を傷《きず》つけるだけではなく、いつか自分《じぶん》にもはねかえってきます。そういった「嘘《うそ》」はつくべきではありません。一方《いっぽう》で、この医師《いし》たちのように、人《ひと》を救《すく》うため、心《こころ》を守《まも》るための優《やさ》しい嘘《うそ》もあるのです。先生《せんせい》たちの思《おも》いはどういったものだったのかを考《かんが》えてみましょう。

穂並が生まれて すぐ…全ての疾患が わかっていたら…
僕らはあんなに ガンバれなかったかも しれない
——うん
ちゃんと私たちを見て 支えてくれてたんだね…
もし 最初から数々の障害が わかっていたら…
私たちは心が折れて しまっていたかも しれない——
私たちは 先生達の優しい嘘に とても救われた 気がした——

▶生後《せいご》10カ月《げつ》かかって新生児並《しんせいじな》みの大《おお》きさにまで成長《せいちょう》した穂並《ほなみ》。奇跡《きせき》のような命《いのち》の輝《かがや》きを残《のこ》して旅立《たびだ》ちました。

NICUとは？

Neonatal Intensive Care Unitの略《りゃく》で、新生児特定集中治療室《しんせいじとくていしゅうちゅうちりょうしつ》のことです。NICUでは、何《なん》らかの病《やまい》をかかえた新生児《しんせいじ》や、早産児《そうざんじ》、低出生体重児《ていしゅっせいたいじゅうじ》などの未熟児《みじゅくじ》の生命《せいめい》を維持《いじ》し、すこやかに成長《せいちょう》させるため、呼吸《こきゅう》や循環機能《じゅんかんきのう》の管理《かんり》や、病《やまい》の治療《ちりょう》が集中《しゅうちゅう》しておこなわれます。

日本《にほん》では、1970年代《ねんだい》から導入《どうにゅう》が進《すす》み、少子高齢化《しょうしこうれいか》もあり、高《たか》いリスクとなる高齢出産《こうれいしゅっさん》も増《ふ》えているため、ニーズは年々増《ねんねんふ》え続《つづ》けていますが、施設《しせつ》の規模《きぼ》や設備《せつび》、医師《いし》の勤務体制《きんむたいせい》など国《くに》の設置基準《せっちきじゅん》を満《み》たせるのは、新生児科《しんせいじか》のある、比較的大《ひかくてきおお》きな病院《びょういん》にかぎられているのが現状《げんじょう》です。

著者《ちょしゃ》プロフィール

仙道《せんどう》ますみ

宮城県出身《みやぎけんしゅっしん》。青年誌《せいねんし》を中心《ちゅうしん》に活躍《かつやく》する漫画家《まんがか》。夫《おっと》は『山《やま》靴《ぐつ》よ疾走《はし》れ!!』『かの名《な》はポンパドール』などを執筆《しっぴつ》する紅林直《くればやしなお》。

作品紹介《さくひんしょうかい》

『NICU《エヌアイシーユー》 命《いのち》のものがたり』
著《ちょ》：仙道《せんどう》ますみ　発行《はっこう》：竹書房《たけしょぼう》

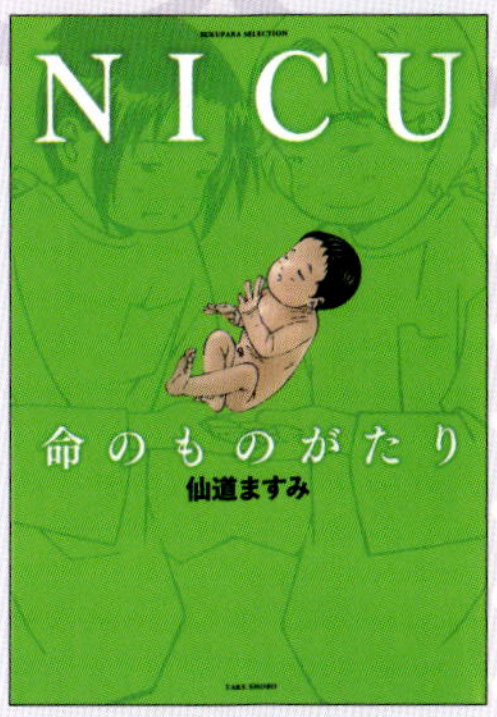
NICU
命のものがたり
仙道ますみ

予定《よてい》より3ヵ月《げつ》も早《はや》く産《う》まれた著者《ちょしゃ》のふたり目《め》の娘《むすめ》は、860グラムの小《ちい》さな体《からだ》と、心臓《しんぞう》や肋骨《ろっこつ》に先天性《せんてんせい》の障害《しょうがい》をかかえていた。

生《う》まれてすぐに、一時的《いちじてき》な心臓《しんぞう》の手術《しゅじゅつ》をした後《あと》、新生児特定集中治療室《しんせいじとくていしゅうちゅうちりょうしつ》「NICU」に入《はい》り、両親《りょうしん》、そして、医師《いし》や看護師《かんごし》たちに大切《たいせつ》に育《そだ》てられていくが、体《からだ》の成長《せいちょう》に伴《ともな》い、次々《つぎつぎ》に新《あたら》しい障害《しょうがい》がわかっていく……。

著者《ちょしゃ》と著者《ちょしゃ》の娘《むすめ》「穂並《ほなみ》」の実話《じつわ》をもとにした、エッセイ漫画《まんが》。

「自分《じぶん》の鑑別《かんべつ》にとことん責任《せきにん》を持《も》てる自信《じしん》がないなら それは『わからない』ということだ」

病理医《びょうりい》の見習《みなら》いとなった宮崎《みやざき》は、病理医《びょうりい》の岸京一郎《きしけいいちろう》に組織片《そしきへん》を鑑別《かんべつ》する課題《かだい》を出《だ》される。

新人女医《しんじんじょい》の宮崎《みやざき》は、患者《かんじゃ》と直接応対《ちょくせつおうたい》する臨床科《りんしょうか》で働《はたら》いていましたが、真面目《まじめ》で裏表《うらおもて》のない性格《せいかく》から今《いま》ひとつなじめませんでした。彼女《かのじょ》は、臨床医《りんしょうい》の思《おも》いこみにより誤診《ごしん》寸前《すんぜん》だった患者《かんじゃ》を、極《きわ》めて優秀《ゆうしゅう》だが変人《へんじん》で知《し》られる病理医《びょうりい》、岸京一郎《きしけいいちろう》のもとで救《すく》ったことをきっかけに、病《やまい》の種類《しゅるい》や治療法《ちりょうほう》を特定《とくてい》し、臨床医《りんしょうい》（主治医《しゅじい》）にアドバイスする病理医《びょうりい》への転向《てんこう》を決《き》めます。

基本的《きほんてき》なことをなにも知《し》らず、病理医《びょうりい》での仕事《しごと》の方法《ほうほう》や技術的《ぎじゅつてき》なアドバイスを聞《き》き続《つづ》ける宮崎《みやざき》のことを、岸《きし》は邪険《じゃけん》にあつかいますが、根負《こんま》けしてひとつの課題《かだい》を出《だ》します。それは、プレパラートに入《はい》った細胞《さいぼう》の疾患《しっかん》（病名《びょうめい》）を鑑別《かんべつ》する（当《あ》てる）というものでした。

自分の鑑別に
とことん責任を持てる
自信がないなら
それは
「わからない」
ということだ

▶よく考《かんが》えた結果《けっか》としてならば、この場合《ばあい》「わからない」と判断《はんだん》することが正解《せいかい》なのだ。

「わからない」ということもしっかりと観察《かんさつ》して、知識《ちしき》と照《て》らし合《あ》わせて論理的《ろんりてき》に考《かんが》えたなら、立派《りっぱ》な答《こた》えとなる。

宮崎《みやざき》は、岸《きし》の唯一《ゆいいつ》の部下《ぶか》だった技師《ぎし》の森井《もりい》に病理科《びょうりか》のことを教《おそ》わったり、想像以上《そうぞういじょう》の岸《きし》の変人《へんじん》っぷりに驚《おどろ》いたりする中《なか》、渡《わた》された課題《かだい》のプレパラートの観察《かんさつ》を続《つづ》けます。

そんなとき、外科医《げかい》・細木《ほそき》からの迅速病理診断《じんそくびょうりしんだん》（手術中《しゅじゅつちゅう》のがん細胞検査《さいぼうけんさ》）が病理科《びょうりか》に依頼《いらい》され、岸《きし》は素早《すばや》く正確《せいかく》に観察《かんさつ》し、確証《かくしょう》をもった結論《けつろん》を出《だ》します。宮崎《みやざき》は、岸《きし》の診断《しんだん》の腕《うで》を目《ま》の当《あ》たりにし、改《あらた》めて衝撃《しょうげき》をうけます。どうしたら病理《びょうり》で仕事《しごと》ができる医者《いしゃ》になれるのか、岸《きし》に改《あらた》めて問《と》い直《なお》した宮崎《みやざき》は、岸《きし》から渡《わた》したプレパラートの課題《かだい》が明日《あした》までにできるかと聞《き》かれます。徹夜《てつや》して、プレパラートの観察《かんさつ》を続《つづ》ける宮崎《みやざき》は、資料《しりょう》などから、それが肺《はい》のがん細胞《さいぼう》であることには確証《かくしょう》をもちますが、自分《じぶん》の知識《ちしき》と

フラジャイル 病理医岸京一郎《びょうりいきしけいいちろう》の所見《しょけん》

技量《ぎりょう》では、その種類《しゅるい》や悪性度《あくせいど》まではわからず混乱《こんらん》します。それでも必死《ひっし》に調《しら》べる中《なか》、病理診断《びょうりしんだん》とは、〝患者《かんじゃ》の治療方針《ちりょうほうしん》の方向《ほうこう》を最初《さいしょ》に決《き》める〟ことだと気《き》がつきます。そして、それを平然《へいぜん》としながらも確証《かくしょう》と責任《せきにん》をもって診断《しんだん》した、岸《きし》の技量《ぎりょう》と精神力《せいしんりょく》に驚《おどろ》き、病理医《びょうりい》の責任《せきにん》の重《おも》さを痛感《つうかん》するのでした。

徹夜明《てつやあ》けの翌日《よくじつ》、調《しら》べに調《しら》べたものの、結局《けっきょく》、プレパラートの課題《かだい》の答《こた》えが出《だ》せなかった宮崎《みやざき》は、岸《きし》にあやまりますが、岸《きし》は「自分《じぶん》の鑑別《かんべつ》にとことん責任《せきにん》を持《も》てる自信《じしん》がないなら　それは『わからない』ということだ」と言《い》い、それが正解《せいかい》だと告《つ》げます。

患者《かんじゃ》に感謝《かんしゃ》もされず、あるのは責任《せきにん》だけの部署《ぶしょ》だが後悔《こうかい》しないのか、という岸《きし》の問《と》いに、宮崎《みやざき》は、自分《じぶん》で決《き》めたことだと告《つ》げ、岸《きし》がそれを受《う》け入《い》れたことで、彼女《かのじょ》は正式《せいしき》に病理科《びょうりか》の一員《いちいん》となったのでした。

「わからない」と言《い》うことも、しっかりと観察《かんさつ》して、知識《ちしき》と照《て》らし合《あ》わせて論理的《ろんりてき》に考《かんが》えた結論《けつろん》であるなら、立派《りっぱ》な答《こた》えとなります。日常生活《にちじょうせいかつ》でも、「わからないこと」を、「わかる」と答《こた》えてしまい、あとでこまった経験《けいけん》はだれにでもあることでしょう。無根拠《むこんきょ》な「わかる」は、時《とき》に事態《じたい》を悪化《あっか》させる原因《げんいん》になりうるのです。考《かんが》えぬいてわからなかったとき、自分《じぶん》の知識《ちしき》にないときは、「わからない」と言《い》う勇気《ゆうき》を持《も》ちましょう。

病理医《びょうりい》とは？

患者《かんじゃ》の体《からだ》から採取《さいしゅ》された細胞《さいぼう》、組織《そしき》、臓器《ぞうき》などの標本《ひょうほん》を分析《ぶんせき》し、病理学《びょうりがく》にもとづいて病理診断《びょうりしんだん》をおこなう医師《いし》、歯科医師《しかいし》を、病理医《びょうりい》と言《い》います。

病院《びょういん》で実際《じっさい》に患者《かんじゃ》に応対《おうたい》する臨床医《りんしょうい》(主治医《しゅじい》)と比《くら》べて、患者《かんじゃ》の前《まえ》に立《た》つことはなく、意識《いしき》されることも少《すく》ない役職《やくしょく》ですが、治療《ちりょう》において科学的《かがくてき》な証拠《しょうこ》と専門的《せんもんてき》な知識《ちしき》により、病気《びょうき》がどういうものかの判定《はんてい》や、臨床医《りんしょうい》への治療方針《ちりょうほうしん》へのアドバイスなど、医者資格者以外《いしゃしかくしゃいがい》ができない医療行為《いりょうこうい》として、極《きわ》めて重要《じゅうよう》な役割《やくわり》をになっています。

病理医《びょうりい》の業務《ぎょうむ》には、病理診断《びょうりしんだん》のほかに、病理解剖診断《びょうりかいぼうしんだん》、病理学的研究《びょうりがくてきけんきゅう》、臨床検査《りんしょうけんさ》、異状死体《いじょうしたい》の解剖《かいぼう》などがあり、いずれも高《たか》い専門性《せんもんせい》が必要《ひつよう》です。そういった専門性《せんもんせい》が高《たか》い役職《やくしょく》のため、病理診断《びょうりしんだん》の経験《けいけん》を積《つ》んで試験《しけん》に合格《ごうかく》した医師《いし》に、日本病理学会《にほんびょうりがっかい》が認定《にんてい》する「病理専門医《びょうりせんもんい》」という専門医資格《せんもんいしかく》も設《もう》けられ、実際《じっさい》に病理《びょうり》に関《かか》わる多《おお》くの医師《いし》が取得《しゅとく》しています。

作品紹介《さくひんしょうかい》

『フラジャイル 病理医岸京一郎《びょうりいきしけいいちろう》の所見《しょけん》』

原作《げんさく》：草水敏《くさみずびん》　漫画《まんが》：恵三朗《めぐみさぶろう》　発行《はっこう》：講談社《こうだんしゃ》

壮望会第一総合病院《そうぼうかいだいいちそうごうびょういん》の病理医《びょうりい》・岸京一郎《きしけいいちろう》は、“我《が》の強《つよ》くてあつかいづらい、強烈《きょうれつ》な変人《へんじん》だが、極《きわ》めて優秀《ゆうしゅう》な人材《じんざい》”として医師仲間《いしなかま》に知《し》られていた。

勤務《きんむ》1年目《ねんめ》の女性臨床医《じょせいりんしょうい》の宮崎《みやざき》は、患者《かんじゃ》の病状《びょうじょう》を討論《とうろん》するカンファレンスで、尊大《そんだい》な語《かた》り口《くち》で臨床医《りんしょうい》たちをやりこめる岸《きし》を目撃《もくげき》する。そのことをきっかけに宮崎《みやざき》は臨床医《りんしょうい》から病理医《びょうりい》への転向《てんこう》を決《き》めるのだった。

岸《きし》が病理医《びょうりい》のあるべき姿《すがた》として語《かた》る、「10割《わり》の診断《しんだん》」をめぐる、彼《かれ》と、彼《かれ》をとりまく人物《じんぶつ》たちの物語《ものがたり》。

著者《ちょしゃ》プロフィール

原作《げんさく》：草水敏《くさみずびん》
1972年《ねん》生《う》まれ。島根県出身《しまねけんしゅっしん》。漫画原作者《まんがげんさくしゃ》。

漫画《まんが》：恵三朗《めぐみさぶろう》
北海道出身《ほっかいどうしゅっしん》。2012年《ねん》、『彼女《かのじょ》の鉄拳《てっけん》』にてアフタヌーン四季賞《しきしょう》2012年秋《ねんあき》のコンテスト 審査員特別賞《しんさいんとくべつしょう》を受賞《じゅしょう》。

「お前《まえ》はたった今《いま》、彼《かれ》だけじゃなく…彼《かれ》の無《む》限《げん》の樹《じゅ》形《けい》図《ず》を救《すく》ったんだ!」

命《みこと》は、10歳《さい》にして天才的《てんさいてき》な外科医《げかい》の才能《さいのう》を見《み》せるようになっていた。

主人公《しゅじんこう》の西城命《さいじょうみこと》は、生《う》まれてまもないころ、神道護《しんどうまもる》の執刀《しっとう》による心臓《しんぞう》の大手術《だいしゅじゅつ》を受《う》け、九死《きゅうし》に一生《いっしょう》を得《え》ました。やがて命《みこと》は、神道《しんどう》にあこがれ、さらには彼《かれ》をこえる「最上《さいじょう》の名医《めいい》」になることを目標《もくひょう》に、医療技術《いりょうぎじゅつ》を独学《どくがく》で勉強《べんきょう》し始《はじ》めます。

命《みこと》は、通院《つういん》するときなどに、神道《しんどう》やほかの医師《いし》に教《おし》えをこいながら、その知識《ちしき》や技術《ぎじゅつ》の習得《しゅうとく》に、強《つよ》い情熱《じょうねつ》と努力《どりょく》を見《み》せ、天才的《てんさいてき》な才能《さいのう》を発揮《はっき》していきました。その結果《けっか》、10歳《さい》のときには、自分《じぶん》の腕《うで》の傷《きず》を専門的《せんもんてき》な方法《ほうほう》で縫合《ほうごう》する技術《ぎじゅつ》を習得《しゅうとく》するほどに成長《せいちょう》しました。

命《みこと》は平面図《へいめんず》や文字情報《もじじょうほう》から立体構造《りったいこうぞう》を精密《せいみつ》に把握《はあく》する、おどろくべき特殊《とくしゅ》な才能《さいのう》を持《も》っていたのです。

そんなある日《ひ》、命《みこと》は友達《ともだち》である漁師《りょうし》の息子《むすこ》とふたり、小船《こぶね》に乗《の》って海釣《うみづ》りに出《で》ていました。そこで、友達《ともだち》が転《ころ》び、胸《むね》を舟《ふね》の突起物《とっきぶつ》に打《う》つ事故《じこ》がおきます。

ひとりを助《たす》けることは、そのひとりが生《う》み出《だ》す家族《かぞく》や後継者《こうけいしゃ》を助《たす》けることでもある。

胸《むね》を打《う》ち意識《いしき》を失《うしな》いかけている友人《ゆうじん》とふたり、小船《こぶね》で海上《かいじょう》をただよう命《みこと》は、携帯電話《けいたいでんわ》で神道《しんどう》に助《たす》けを求《もと》めます。しかし、夜《よる》の海《うみ》での小船《こぶね》の発見《はっけん》は困難《こんなん》なため、命《みこと》は神道《しんどう》に電話《でんわ》で指示《しじ》をもらいながら自力《じりき》で病状《びょうじょう》を判断《はんだん》、心臓《しんぞう》から出血《しゅっけつ》し、心臓《しんぞう》をかこむ袋「心《しん》

小児科《しょうにか》とは?

特《とく》に新生児《しんせいじ》から思春期《ししゅんき》の年齢《ねんれい》までに発症《はっしょう》した病気《びょうき》を専門《せんもん》とする診療科目《しんりょうかもく》を「小児《しょうに》科《か》」と言《い》います。病気《びょうき》が体《からだ》のどの部分《ぶぶん》にあるかではなく、年齢《ねんれい》による分類《ぶんるい》のため「小児科《しょうにか》」の医師《いし》は、総合的《そうごうてき》な知識《ちしき》と経験《けいけん》を必要《ひつよう》とします。
「小児科《しょうにか》」は、科《か》としては主《おも》に内科系《ないかけい》を中心《ちゅうしん》にしていますが、外科的《げかてき》な専門治療《せんもんちりょう》を行《おこな》う場合《ばあい》には「小児外科《しょうにげか》」と呼《よ》ばれます。

子《こ》どもを対象《たいしょう》とする重要《じゅうよう》な診療科《しんりょうか》でありながら、その特殊性《とくしゅせい》や範囲《はんい》の広《ひろ》さなどからくる難《むずか》しさ、医師不足《いしぶそく》もあって時間外勤務《じかんがいきんむ》が多《おお》い事《こと》、投薬《とうやく》に様々《さまざま》なコストがかかることなどから、小児科医《しょうにかい》を志《こころざ》す医師《いし》は、年々減《ねんねんへ》り続《つづ》けていると言《い》われています。子《こ》どもの体《からだ》は未発達《みはったつ》で、大人《おとな》とは体《からだ》のつくりも異《こと》なり、またひとつひとつの部位《ぶい》がとても小《ちい》さいことなどから、特《とく》に小《ちい》さな体《からだ》を手術《しゅじゅつ》する「小児外科《しょうにげか》」の医師《いし》には、とても高度《こうど》な外科技術《げかぎじゅつ》が要求《ようきゅう》されることになります。

嚢《のう》」内《ない》に血《ち》がたまり、心臓《しんぞう》を圧迫《あっぱく》する症状《しょうじょう》、「外傷性心《がいしょうせいしん》タンポナーデ」であると伝《つた》え神道《しんどう》を驚《おどろ》かせます。しかし、一刻《いっこく》の猶予《ゆうよ》もないほど友達《ともだち》の症状《しょうじょう》は悪化《あっか》していきます。

神道《しんどう》は、まだ子《こ》どもである命《みこと》に心臓《しんぞう》の処置《しょち》を指示《しじ》する決断《けつだん》をします。暗《くら》く、しかもゆれる船《ふね》の中《なか》で、わずかなミスが死《し》につながる、心臓《しんぞう》のすぐ近《ちか》くに血《ち》を抜《ぬ》くための針《はり》を差《さ》す処置《しょち》に、さすがの命《みこと》もとまどいます。そこで神道《しんどう》は、子《こ》どもを救《すく》えば、その子《こ》どもの子《こ》どもも救《すく》えるのだという、自分《じぶん》の小《しょう》児《に》科《か》医《い》としての信念《しんねん》でもある、「無限《むげん》の樹形《じゅけい》図《ず》」の話《はなし》をして、彼《かれ》をはげまします。命《みこと》は覚悟《かくご》を決《き》め、冷静《れいせい》に心臓《しんぞう》とまわりの構造《こうぞう》を把握《はあく》し、血抜《ちぬ》きの針《はり》を差《さ》して、みごと友達《ともだち》の命《いのち》とそこに連《つら》なるすべての未来《みらい》、「無限《むげん》の樹形図《じゅけいず》」を救《すく》ったのでした。

このことは、命《みこと》が大人《おとな》になり優秀《ゆうしゅう》な医者《いしゃ》になったとき、「小児科医《しょうにかい》を育《そだ》てる事《こと》は、小児科医《しょうにかい》に救《すく》われる子《こ》どもをすくう事《こと》である」と、小児科医《しょうにかい》の育成《いくせい》に力《ちから》を入《い》れる動機《どうき》になるのです。

▶小児科医《しょうにかい》の役割《やくわり》を自覚《じかく》したとき、子《こ》どもが出会《であ》う未来《みらい》のすべて、無限《むげん》の樹形図《じゅけいず》が見《み》えるのだ。

人《ひと》を救《すく》うことは、その人《ひと》だけを救《すく》うにとどまらず、将来《しょうらい》影響《えいきょう》を受《う》ける、すべての人々《ひとびと》を救《すく》うことへと広《ひろ》がります。時間《じかん》の流《なが》れの中《なか》、未来《みらい》の可能性《かのうせい》を意識《いしき》することで見《み》えてくるのが、「無限《むげん》の樹形図《じゅけいず》」なのです。

作品《さくひん》紹介《しょうかい》

『最上《さいじょう》の命医《めいい》』

取材《しゅざい》・原作《げんさく》：入江謙三《いりえけんぞう》　作画《さくが》：橋口《はしぐち》たかし　発行《はっこう》：小学館《しょうがくかん》

主人公《しゅじんこう》、西城命《さいじょうみこと》は0歳《さい》のとき、小児心臓血管外科《しょうにしんぞうけっかんげか》医《い》の神道護《しんどうまもる》の執刀《しっとう》で、「完全大血管転移症《かんぜんだいけっかんてんいしょう》」を治療《ちりょう》する大手術《だいしゅじゅつ》を受《う》け命《いのち》をとりとめました。

そして10年後《ねんご》、彼《かれ》の命《いのち》を救《すく》ったような“最上《さいじょう》の名医《めいい》”にあこがれ、医療《いりょう》の道《みち》を志《こころざ》す少年《しょうねん》に成長《せいちょう》します。

神道護《しんどうまもる》とその仲間《なかま》の医師《いし》らは、命《みこと》から「自分《じぶん》で手術《しゅじゅつ》した」というけがを見《み》せられ、彼《かれ》の医学《いがく》へかける情熱《じょうねつ》と、ある種《しゅ》の特異《とくい》な認知能力《にんちのうりょく》による天才的《てんさいてき》な才能《さいのう》に気《き》づきます。そしてある日《ひ》、彼《かれ》とふたりで海釣《うみづ》りに出《で》た友人《ゆうじん》が、命《いのち》の危険《きけん》にさらされる事件《じけん》がおき……。

著者《ちょしゃ》プロフィール

取材《しゅざい》・原作《げんさく》：入江謙三《いりえけんぞう》

『最上《さいじょう》の命医《めいい》』および、続編《ぞくへん》の『最上《さいじょう》の明医《めいい》』の取材《しゅざい》、原作原案《げんさくげんあん》を担当《たんとう》。

作画《さくが》：橋口《はしぐち》たかし

1967年《ねん》生《う》まれ。東京都《とうきょうと》出身《しゅっしん》。漫画家《まんがか》。1988年《ねん》に『コンバットティーチャー』にてデビュー。2003年《ねん》、『焼《や》きたて!!ジャぱん』にて小学館《しょうがくかん》漫画賞《まんがしょう》 少年《しょうねん》向《む》け部門《ぶもん》を受賞《じゅしょう》。このほか代表作《だいひょうさく》に『ウインドミル』『超速《ちょうそく》スピナー』などがある。

「この手《て》で人《ひと》を殺《ころ》したなら それ以上《いじょう》にこの手《て》で人《ひと》を救《すく》えばいい お前《まえ》の手《て》はまだ 堕《お》ちちゃいねェよ」

ボランティア先《さき》の途上国《とじょうこく》で内戦《ないせん》がおき、勝海《かつみ》は生《い》きのびるために、医師《いし》でありながら敵兵《てきへい》の命《いのち》を奪《うば》ってしまった。

主人公《しゅじんこう》、勝海由宇《かつみゆう》は医療《いりょう》ボランティア先《さき》で内戦《ないせん》に巻《ま》きこまれ、人《ひと》を救《すく》う医師《いし》でありながら、身《み》を守《まも》るために敵兵《てきへい》を射殺《しゃさつ》してしまった過去《かこ》を持《も》っていました。

勝海《かつみ》は、命《いのち》からがら日本《にほん》に帰国《きこく》することができましたが、その後悔《こうかい》から、右手《みぎて》に、逆《さか》さに描《えが》かれた天使《てんし》、堕天使《だてんし》ルシフェルの刺青《いれずみ》を入《い》れ医師《いし》を辞《や》めてしまいます。

放浪《ほうろう》のすえ、流《なが》れついた横浜《よこはま》の裏町《うらまち》でチンピラにからまれ、ナイフで刺《さ》された勝海《かつみ》は闇医者《やみいしゃ》まがいの診療《しんりょう》をおこなう場末《ばすえ》の病院《びょういん》にかつぎこまれます。

勝海《かつみ》は院長《いんちょう》の皆戸野《みなとの》の治療《ちりょう》を受《う》け、けがから回復《かいふく》します。その後《ご》、偶然《ぐうぜん》自分《じぶん》を刺《さ》したチンピラが重症《じゅうしょう》を負《お》って病院《びょういん》に運《はこ》びこまれ、院長《いんちょう》が不在《ふざい》だったために、処置手術《しょちしゅじゅつ》を執刀《しっとう》することになります。

その結果《けっか》、勝海《かつみ》は院長《いんちょう》に、「人《ひと》を救《すく》う事《こと》の出来《でき》る人間《にんげん》」であることを見《み》ぬかれ、人手《ひとで》不足《ぶそく》を名目《めいもく》に、病院《びょういん》で働《はたら》かせられることになるのでした。

過去《かこ》の過《あやま》ちを消《け》すことはできないが、生《い》きていれば、未来《みらい》は自分《じぶん》の手《て》で選《えら》ぶことができる。

勝海《かつみ》が働《はたら》かされることになった皆戸野《みなとの》病院《びょういん》は、反社会的《はんしゃかいてき》組織《そしき》の人間《にんげん》に、高額報酬《こうがくほうしゅう》でほかの病院《びょういん》からさらってきた脳死体《のうしたい》からの臓器移植《ぞうきいしょく》をおこなうなど、違法行為《いほうこうい》も辞《じ》さ

医療《いりょう》ボランティアとは？

医療《いりょう》に関連《かんれん》した、無償《むしょう》または低賃金《ていちんぎん》での奉仕活動《ほうしかつどう》のことを「医療《いりょう》ボランティア」と呼《よ》びます。医師《いし》や看護師《かんごし》の資格《しかく》を持《も》たない人《ひと》が、患者《かんじゃ》の介助《かいじょ》や介添《かいぞ》え、患者《かんじゃ》やその家族《かぞく》の相談相手《そうだんあいて》、洗濯《せんたく》、院内清掃《いんないせいそう》、飾《かざ》りつけ、院内《いんない》イベントの開催《かいさい》、学習補助《がくしゅうほじょ》など、医療行為《いりょうこうい》にはあたらない患者《かんじゃ》を支援《しえん》する業務《ぎょうむ》を、病院《びょういん》でおこなうボランティアが身近《みぢか》ですが、医師《いし》や看護師《かんごし》が人道支援《じんどうしえん》として、被災地《ひさいち》や途上国《とじょうこく》、紛争地域《ふんそうちいき》、貧困地域《ひんこんちいき》など医療支援《いりょうしえん》が必要《ひつよう》な場所《ばしょ》に出向《でむ》くボランティアもあります。

人道支援《じんどうしえん》の医療《いりょう》ボランティアとしては、民間《みんかん》・非営利《ひえいり》の国際団体《こくさいだんたい》(NPO)の「国境《こっきょう》なき医師団《いしだん》(MSF)」や「世界《せかい》の医療団《いりょうだん》」などが有名《ゆうめい》です。これらは、「中立《ちゅうりつ》・独立《どくりつ》・公平《こうへい》な立場《たちば》で医療《いりょう》・人道援助活動《じんどうえんじょかつどう》」を掲《かか》げ、できるだけ多《おお》くの人《ひと》を救《すく》うことを目的《もくてき》に、医療支援《いりょうしえん》だけではなく、メディアを通《つう》じた紛争地《ふんそうち》でおこなわれる非人道的行為《ひじんどうてきこうい》の国際社会《こくさいしゃかい》への告発《こくはつ》なども活動内容《かつどうないよう》としています。

ルシフェルの右手《みぎて》

ない経営《けいえい》をおこなっていました。しかし、その裏《うら》にある信念《しんねん》は、「自分《じぶん》の（医療《いりょう》）技術《ぎじゅつ》を使《つか》って人《ひと》を助《たす》けたい」というものでした。「ボランティアだけでは生《い》きていけず、患《かん》者《じゃ》も助《たす》けられない」と、違法医療《いほういりょう》の理由《りゆう》を語《かた》った皆戸野《みなとの》は、自分《じぶん》の立《た》ち位置《いち》に悩《なや》む勝《かつ》海《み》に、「この病院《びょういん》を居場所《いばしょ》にしたらどうだ」と、医師《いし》への復帰《ふっき》をさそいますが、彼《かれ》は自《じ》分《ぶん》にはその資格《しかく》がないと断《ことわ》ってしまいます。

数日後《すうじつご》、緊急手術《きんきゅうしゅじゅつ》が必要《ひつよう》なふたりの救急《きゅうきゅう》患者《かんじゃ》が運《はこ》びこまれる最中《さいちゅう》、皆戸野《みなとの》が脳出血《のうしゅっけつ》でたおれてしまいました。

居合《いあ》わせた勝海《かつみ》は、皆戸野《みなとの》が意識《いしき》を失《うしな》う前《まえ》に告《つ》げた「この手《て》で人《ひと》を殺《ころ》したなら　それ以上《いじょう》にこの手《て》で人《ひと》を救《すく》えばいい　お前《まえ》の手《て》はまだ堕《お》ちちゃいねェよ」という言葉《ことば》に心《こころ》を動《うご》かされ、医療《いりょう》の道《みち》にもどることを決《き》めるのでした。両手《りょうて》の手術用《しゅじゅつよう》ゴム手袋《てぶくろ》を高《たか》くかかげると、右手《みぎて》で下《した》を向《む》いていた堕天使《だてんし》は、天《てん》をあおぎみる天使《てんし》となりました。

いくら悔《く》いても、過《す》ぎ去《さ》った過去《かこ》を変《か》えることはできません。しかし、生《い》きてさえいれば、未来《みらい》は自分《じぶん》の手《て》で選《えら》ぶことができます。未《み》来《らい》をより良《よ》いものにするためには、過去《かこ》を正《ただ》しく知《し》り、これから何《なに》ができるかを考《かんが》え、まさに今《いま》現在《げんざい》から、どう行動《こうどう》していくかが大切《たいせつ》なことなのです。

何を迷う!?
この手で人を殺したなら
それ以上に
この手で人を救えばいい
お前の手はまだ
堕ちちゃいねェよ

▶人《ひと》の命《いのち》を救《すく》う力《ちから》をかくし、人生《じんせい》をさまよう勝海《かつみ》に、志《こころざし》を受《う》け継《つ》ぐように教《おし》え導《みちび》く皆戸野《みなとの》。

作品《さくひん》紹介《しょうかい》

『ルシフェルの右手《みぎて》』
著《ちょ》：芹沢直樹《せりざわなおき》　発行《はっこう》：講談社《こうだんしゃ》

01
ルシフェルの右手
芹沢直樹

主人公《しゅじんこう》の医師《いし》、勝海由宇《かつみゆう》は、医療《いりょう》ボランティアで行《い》った発展《はってん》途上国《とじょうこく》で、反政府《はんせいふ》ゲリラに誘拐《ゆうかい》され、野戦病院《やせんびょういん》で患者《かんじゃ》を診《み》ることを強要《きょうよう》される。勝海《かつみ》は医師《いし》としての使命感《しめいかん》から、脱走《だっそう》せずに野戦病院《やせんびょういん》で医療活動《いりょうかつどう》を続《つづ》けるが、内戦《ないせん》の激化《げきか》で、病院《びょういん》にも政府《せいふ》軍《ぐん》がせまることになる。政府軍兵士《せいふぐんへいし》はゲリラ兵《へい》だけでなく、医《い》師《し》や患者《かんじゃ》をも虐殺《ぎゃくさつ》していった。自分《じぶん》に銃《じゅう》を向《む》ける政府軍兵士《せいふぐんへいし》に対《たい》して、勝海《かつみ》は身《み》を守《まも》るために銃《じゅう》で対抗《たいこう》せざるを得《え》なくなり、ついに彼《かれ》らを射殺《しゃさつ》してしまう。その後《ご》、命《いのち》からがら帰国《きこく》することができたが、医師《いし》でありながら人《ひと》を殺《ころ》したことを後悔《こうかい》し、右《みぎ》手《て》に堕天使《だてんし》の刺青《いれずみ》を入《い》れ、医師《いし》を辞《や》めようとする……。

著者《ちょしゃ》プロフィール

芹沢直樹《せりざわなおき》
1976年《ねん》生《う》まれ。漫画家《まんがか》。1997年《ねん》、『螺旋《らせん》－PSYCOBANK』にて「第《だい》49回週刊少年《かいしゅうかんしょうねん》チャンピオン新《しん》人《じん》まんが賞《しょう》・奨励賞《しょうれいしょう》を受賞《じゅしょう》。1998年《ねん》、『未来派注意《みらいはちゅうい》報《ほう》』にて商業誌《しょうぎょうし》デビュー。代表作《だいひょうさく》に『猿《さる》ロック』、「迷探《めいたん》偵史郎《ていしろう》」シリーズ、『SAMURAI-MAN』『バイオハザード・マルハワデザイア』などがある。

「おまえも 樹《じゅ》木《もく》医《い》だ こんな時《とき》 俺《おれ》たち樹《じゅ》木《もく》医《い》が できる事《こと》は なんだ!?」

「だからお前《まえ》は『ウドの大《たい》木《ぼく》』なんだ」

「街《まち》づくり建築課《けんちくか》　緑《みどり》のパトロール」の無《む》料相談《りょうそうだん》にやって来《き》た、主婦《しゅふ》の西村《にしむら》の相談内《そうだんない》容《よう》は、「引越《ひっこ》してきた家《いえ》の庭《にわ》に管理《かんり》の手間《てま》のかからないイングリッシュガーデンを作《つく》りたい」というものでした。

主人公《しゅじんこう》の大木要《おおきかなめ》の上司《じょうし》、神無月《かんなづき》は、日本《にほん》の気候《きこう》や、手間《てま》、予算《よさん》などを無視《むし》した、無《む》知《ち》で無茶《むちゃ》な西村《にしむら》にいらだち、彼女《かのじょ》を追《お》いかえしてしまいます。しかし、それは建築課《けんちくか》で問題《もんだい》とされてしまい、その結果《けっか》、神無月《かんなづき》は要《かなめ》とともに西村家《にしむらけ》に、謝罪《しゃざい》と説明《せつめい》に向《む》かいます。

要《かなめ》は、西村家《にしむらけ》の人々《ひとびと》と仲良《なかよ》くなり、西村《にしむら》がイングリッシュガーデンを作《つく》りたかった理《り》由《ゆう》を知《し》ります。田舎《いなか》から出《で》て来《き》てセンスに自《じ》信《しん》がなく、主婦《しゅふ》のグループにも入《はい》れない状況《じょうきょう》を変《か》えるためのきっかけにしたかった、ということと、楽《たの》しかった田舎《いなか》の生活《せいかつ》とそこにあった、ミカンの木《き》のことを知《し》ったのでした。

庭《にわ》にミカンの樹《き》を植《う》えることを提案《ていあん》しようとする要《かなめ》でしたが、神無月《かんなづき》に、「だからお前《まえ》は『ウドの大木《たいぼく》』なんだ、おまえも樹木医《じゅもくい》だこんな時《とき》俺《おれ》たち樹木医《じゅもくい》ができる事《こと》はなんだ!?」と言《い》われるのでした。

おまえも
樹木医だ
こんな時
俺たち樹木医が
できる事は
なんだ!?

▲植物《しょくぶつ》の診断《しんだん》を通《とお》して人《ひと》と樹《き》のより良《よ》い関係《かんけい》のあり方《かた》を模索《もさく》する要《かなめ》と神無月《かんなづき》。

ウドの樹木医《じゅもくい》

樹木医《じゅもくい》の仕事《しごと》は木々《きぎ》の健康《けんこう》を守《まも》ることで人々《ひとびと》を豊《ゆた》かで健康《けんこう》に保《たも》つこと

要《かなめ》は、「樹木医《じゅもくい》ができる事《こと》はなんだ!?」と問《と》う神無月《かんなづき》に、西村家《にしむらけ》の田舎《いなか》の温州《おんしゅう》ミカンの木《き》を移植《いしょく》することと答《こた》え、神無月《かんなづき》の同感《どうかん》を得《え》ました。そして、田舎《いなか》の温州《おんしゅう》ミカンの木《き》に、木《き》の根《ね》を間引《まび》いた上《うえ》で、太《ふと》い根《ね》の皮《かわ》をむいて水《みず》を吸《す》う細《ほそ》い根《ね》を出《だ》させる「根回《ねまわ》し」という加工《かこう》をして、西村家《にしむらけ》の庭《にわ》に移植《いしょく》するのでした。

移植作業《いしょくさぎょう》の間《あいだ》、西村《にしむら》は、寂《さび》しさを気《き》にかけた夫《おっと》の思《おも》いや、木《き》をめぐる温《あたた》かい田舎《いなか》の人々《ひとびと》の思《おも》いを知《し》り、気《き》づかない所《ところ》にすでにあった、つながりや優《やさ》しさを再確認《さいかくにん》します。それを知《し》った要《かなめ》は、直接樹木《ちょくせつじゅもく》の病気《びょうき》などをあつかう仕事以外《しごといがい》の、もうひとつの重要《じゅうよう》な樹木医《じゅもくい》の仕事《しごと》、「木《き》と人《ひと》をつなぐ仕事《しごと》」に気《き》がつくのでした。

思《おも》いいれの深《ふか》いものは、どんなものでも、それが身近《みぢか》にあるだけで心《こころ》を豊《ゆた》かにします。その中《なか》でも、特《とく》に慣《な》れ親《した》しんだ樹木《じゅもく》は、季節《きせつ》の訪《おとず》れを告《つ》げると同時《どうじ》に、生命力《せいめいりょく》を見《み》せることで、人々《ひとびと》に生《い》きる力《ちから》を与《あた》えてくれます。

樹木医《じゅもくい》が、ひとびとの目《め》に触《ふ》れる木々《きぎ》を治療《ちりょう》し、健康《けんこう》を維持《いじ》することは、人々《ひとびと》を間《かん》接的《せってき》に豊《ゆた》かで健康《けんこう》に保《たも》つことになるのです。

樹木医《じゅもくい》とは？

樹木医《じゅもくい》とは、「植物病理学《しょくぶつびょうりがく》」にもとづいて、樹木《じゅもく》や草木《くさき》の病気《びょうき》を調査《ちょうさ》、予防《よぼう》、診断《しんだん》、治療《ちりょう》し、また、公園緑地《こうえんりょくち》の計画《けいかく》、設計《せっけい》や、樹木《じゅもく》に関《かん》する事故《じこ》の防止《ぼうし》、樹木《じゅもく》に関《かん》する教育《きょういく》などをおこなう専門家《せんもんか》のことで、日本《にほん》では、国《くに》の補助《ほじょ》を受《う》けている民間《みんかん》の財団法人《ざいだんほうじん》日本緑化《にほんりょくか》センターの資格試験《しかくしけん》に、合格《ごうかく》した者《もの》のみ名《な》のることができます。

試験《しけん》を受《う》けるには、７年以上《ねんいじょう》の樹木《じゅもく》に関《かん》する業務《ぎょうむ》にたずさわる実務経験《じつむけいけん》が必要《ひつよう》ですが、近年若手《きんねんわかて》の育成《いくせい》のために、一部《いちぶ》の大学《だいがく》で学《まな》べば試験《しけん》を受《う》けられる「樹木医補《じゅもくいほ》」の資格《しかく》も設定《せってい》されました。

樹木医《じゅもくい》の仕事《しごと》の論理的《ろんりてき》な基盤《きばん》となる、「植物病理学《しょくぶつびょうりがく》」は、植物《しょくぶつ》の病気《びょうき》について症状《しょうじょう》や原因《げんいん》を調《しら》べ、病気《びょうき》を防《ふせ》いだり、症状《しょうじょう》をやわらげたりする方法《ほうほう》を研究《けんきゅう》する学問《がくもん》で、人《ひと》ならば医学《いがく》、動物《どうぶつ》なら獣医学《じゅういがく》に相当《たんとう》します。

作品紹介《さくひんしょうかい》

『ウドの樹木医《じゅもくい》』

著《ちょ》：松本小夢《まつもとこゆめ》　発行《はっこう》：秋田書店《あきたしょてん》

子《こ》どものころ、樹木《じゅもく》のお医者《いしゃ》さんだった祖父《そふ》にあこがれていた、主人公《しゅじんこう》の女性《じょせい》、大木要《おおきかなめ》は、ウドの大木《たいぼく》にたとえられるような大《おお》きな体格《たいかく》の大人《おとな》に成長《せいちょう》し、樹木医《じゅもくい》になった。

叔父《おじ》からの誘《さそ》いで民間《みんかん》の会社《かいしゃ》から転職《てんしょく》し、役所《やくしょ》の「街《まち》づくり建《けん》築課《ちくか》　緑《みどり》のパトロール」の一員《いちいん》となった大木要《おおきかなめ》は、対照的《たいしょうてき》に小《ち》いさな体《からだ》つきの男性上司《だんせいじょうし》、神無月《かんなづき》とコンビを組《く》まされることになる。

要《かなめ》は、樹木医《じゅもくい》としてきわめて優秀《ゆうしゅう》でありながら、神経質《しんけいしつ》で言動《げんどう》のきつい神無月《かんなづき》にふりまわされ、自分《じぶん》の未熟《みじゅく》さを思《おも》い知《し》らされる。しかし、彼女《かのじょ》の持《も》ち前《まえ》の前向《まえむ》きさとがんこさ、依頼人《いらいにん》に寄《よ》りそう行動《こうどう》によって、次第《しだい》に神無月《かんなづき》の心《こころ》は動《うご》かされていく。

著者《ちょしゃ》プロフィール

松本小夢《まつもとこゆめ》

島根県出身《しまねけんしゅっしん》。女性漫画家《じょせいまんがか》。1993年《ねん》に講談社《こうだんしゃ》kiss新人賞《しんじんしょう》を受賞《じゅしょう》しデビュー。代表作《だいひょうさく》には『コマメのお仕事《しごと》』『GREEN FINGER -小花《こはな》の庭《にわ》-』『ドボジョ!』などがある。

戦国時代《せんごくじだい》の医療《いりょう》と金創医《きんそうい》

浄土宗《じょうどしゅう》の一派《いっぱ》の時宗《じしゅう》では、僧侶《そうりょ》は戦場《せんじょう》で敵味方《てきみかた》の区別《くべつ》なく治療《ちりょう》を行《おこな》いました。彼《かれ》らは従軍僧《じゅうぐんそう》と呼《よ》ばれました。鹿角《かづの》のついた鹿杖《かせづえ》を持《も》って、けが人《にん》を寝《ね》かせる場所《ばしょ》を指示《しじ》しているのは指揮《しき》をする僧侶《そうりょ》です。

重症《じゅうしょう》を負《お》ったけが人《にん》の多《おお》くは死《し》んでいき、それをとむらうことも彼《かれ》らの仕事《しごと》でした。治療《ちりょう》は主《おも》に金創医《きんそうい》たちの経験則《けいけんそく》や知識《ちしき》だけでおこなわれていたようです。

▶▼負傷《ふしょう》した武士《ぶし》の絵《え》。出典《しゅってん》は『春日権現験記絵《かすがごんげんけんきえ》』『後三年合戦絵詞《ごさんねんかっせんえし》』より。

『戦国時代《せんごくじだい》　戦場医療《せんじょういりょう》の現場《げんば》』
画《え》：中西立太《なかにしりった》

一方《いっぽう》、京都《きょうと》にはヨーロッパや中国《ちゅうごく》から伝《つた》わった正統派《せいとうは》の医療知識《いりょうちしき》を備《そな》えていた医師《いし》もいました。

１５５５年《ねん》ポルトガル人《じん》アルメイダは、日本《にほん》に貿易《ぼうえき》に来《き》た商人《しょうにん》でした。彼《かれ》はイエズス会《かい》に入《はい》り日本《にほん》にキリスト教《きょう》を布教《ふきょう》しようとしました。戦国時代《せんごくじだい》、戦乱《せんらん》によって孤児《こじ》や病人《びょうにん》が助《たす》けがないまま死《し》んでいくのを見《み》た彼《かれ》は、本国《ほんごく》で医者《いしゃ》の免許《めんきょ》を持《も》っていたことから、私財《しざい》をすべて投《とう》じ大分《おおいた》に病院《びょういん》を作《つく》りました。こうして日本《にほん》ではじめての、病院《びょういん》が誕生《たんじょう》したのです。

金創医《きんそうい》とは（金瘡医《きんそうい》とも書《か》く）

日本《にほん》では南北時代《なんぼくじだい》（1300年代《ねんだい》）から戦国時代《せんごくじだい》（～1590年《ねん》ごろ）にかけて、金創医《きんそうい》と呼《よ》ばれる従軍僧侶《じゅうぐんそうりょ》が戦場《せんじょう》で治療活動《ちりょうかつどう》を行《おこな》っていました。また、治療《ちりょう》のかいなく死亡《しぼう》した兵士《へいし》たちの埋葬《まいそう》もその役目《やくめ》のひとつでした。

当時《とうじ》の手当《てあて》の方法《ほうほう》は、現代《げんだい》では信《しん》じられないものでした。『雑兵物語《ぞうひょうものがたり》』には、馬《うま》の糞《ふん》を飲《の》ませる、傷口《きずぐち》に馬《うま》の糞《ふん》を塗《ぬ》りこめるなどして止血《しけつ》するというような方法《ほうほう》が書《か》かれています。当然《とうぜん》、傷口《きずぐち》が膿《う》んで、破傷風《はしょうふう》などで死《し》んでいくことになりました。

それらは呪術《じゅじゅつ》と境目《さかいめ》がない迷信的《めいしんてき》な治療法《ちりょうほう》でした。その一例《いちれい》が瀉血《しゃけつ》です。瀉血《しゃけつ》とは、人体《じんたい》の血液《けつえき》を外部《がいぶ》に排出《はいしゅつ》させることで、症状《しょうじょう》の改善《かいぜん》を求《もと》める治療法《ちりょうほう》のひとつです。古《ふる》く中世《ちゅうせい》ヨーロッパで広《ひろ》くおこなわれましたが、医学的根拠《いがくてきこんきょ》はありませんでした。

金創《きんそう》を専門《せんもん》にあつかった医書《いしょ》もこの時期《じき》に多《おお》くつくられました。武家出身《ぶけしゅっしん》の金創医《きんそうい》も現《あらわ》れて室町幕府《むろまちばくふ》や戦国武将《せんごくぶしょう》おかかえ医師《いし》となり、戦国期《せんごくき》にますます栄《さか》え、多《おお》くの流派《りゅうは》を生《う》んでいきました。

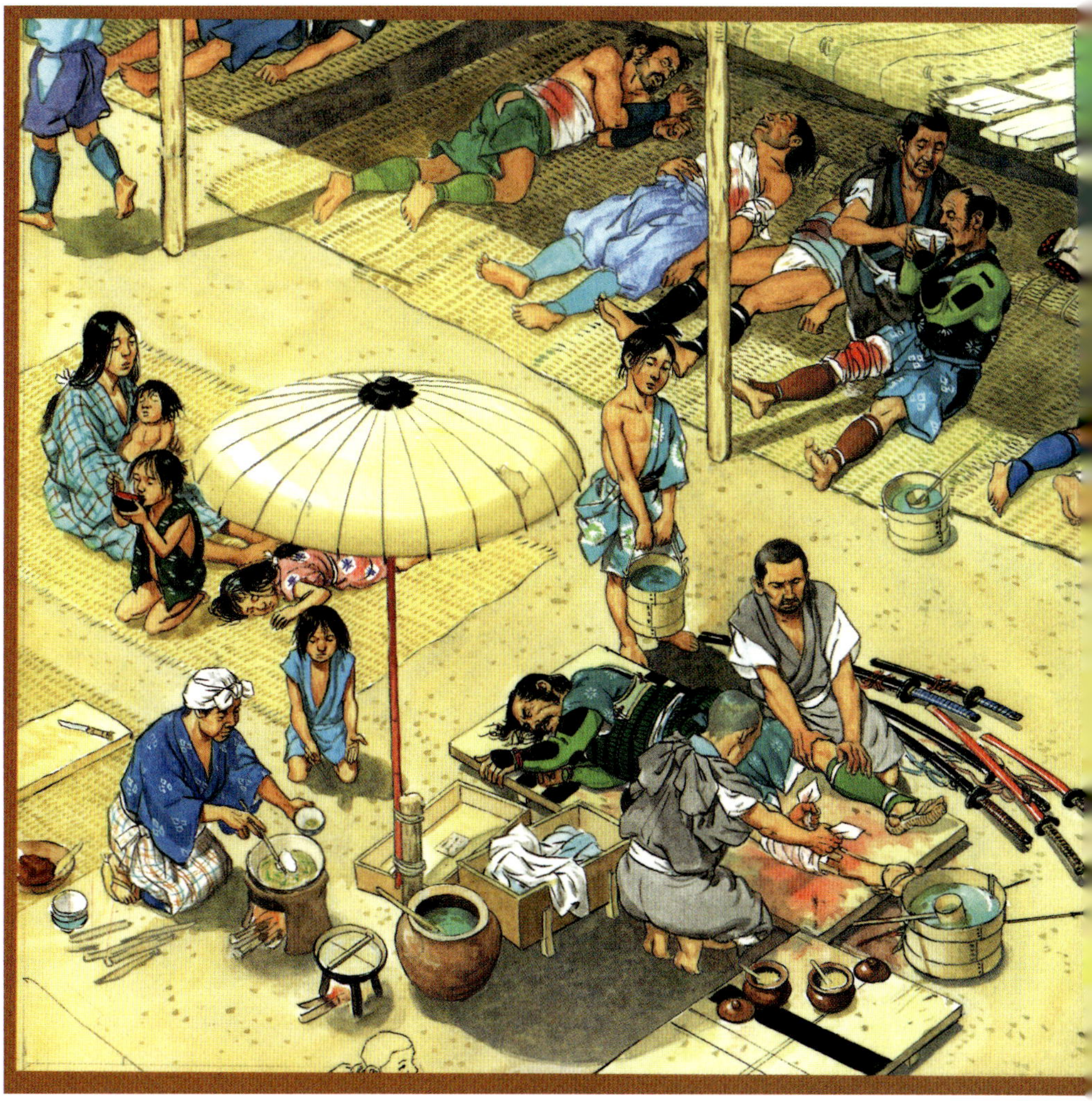

著者《ちょしゃ》プロフィール

中西立太《なかにしりった》（１９３４～２００９年《ねん》）

長野県上田市《ながのけんうえだし》で童画家《どうがか》・中西義男《なかにしよしお》の長男《ちょうなん》として生《う》まれる。１９６２年《ねん》、小学館科学図説《しょうがくかんかがくずせつ》シリーズ『人類《じんるい》の誕生《たんじょう》』で第《だい》8回産経児童出版文化賞《かいさんけいじどうしゅっぱんぶんかしょう》を受賞《じゅしょう》。１９６４年同《ねんどう》シリーズ全体《ぜんたい》で第《だい》10回産経児童出版文化賞《かいさんけいじどうしゅっぱんぶんかしょう》を受賞《じゅしょう》。１９６８年《ねん》からはプラモデルのボックスアートを描《えが》き、１９８６年《ねん》『週刊朝日百科《しゅうかんあさひひゃっか》 日本《にほん》の歴史《れきし》』（朝日新聞社《あさひしんぶんしゃ》）以後《いご》、歴史復元画家《れきしふくげんがか》の第一人者《だいいちにんしゃ》として多《おお》くの作品《さくひん》を描《えが》き続《つづ》けた。

［イラスト出典《しゅってん》］
『日本人《にほんじん》いのちと健康《けんこう》の歴史《れきし》〈2〉はじめての病院《びょういん》ができる―中世《ちゅうせい》』
発行《はっこう》：（社《しゃ》）農山漁村文化協会《のうさんぎょそんぶんかきょうかい》
「日本人《にほんじん》いのちと健康《けんこう》の歴史《れきし》」シリーズ全《ぜん》５巻発売中《かんはつばいちゅう》

●医療編参考文献

『雑兵物語』
『日本人いのちと健康の歴史〈2〉はじめての病院ができる—中世』(発行:(社)農山漁村文化協会)
『人倫訓蒙図彙』(東洋文庫　発行:平凡社)
『春日権現験記絵』
『後三年合戦絵詞』
「日本赤十字社 活動内容・実績を知る DMAT」(http://www.jrc.or.jp/activity/saigai/about/dmat/)
「国立がん研究センター」(http://ganjoho.jp/public/index.html)
「山口大学医学部法医学教室」(法医・生体侵襲解析医学分野 http://web.cc.yamaguchi-u.ac.jp/~legal/)
「一般社団法人 日本病理学会」(http://pathology.or.jp/)

監修　宮川総一郎
1957年生まれ。日本出版美術家連盟所属。マンガジャパン所属。執筆書籍には研究書『松本零士　創作ノート』(KKベストセラーズ)、『松本零士が教えてくれた人生の一言』(クイン出版)集英社手塚赤塚賞受賞。学研「学習」でデビュー。漫画作品には『マネーウォーズ』『金融のマジシャン』(集英社)『兜町ウォーズ』(日本文芸社)ほか多数。

漫画から学ぶ生きる力　医療編

発行日 2017年 2月25日　初版第1刷発行

●監修　宮川総一郎
●企画/製作　スタジオ・ハードデラックス
●編集製作　オペラハウス
●デザイン　スタジオ・ハードデラックス

発行者　高橋信幸
発行所　株式会社ほるぷ出版
〒169-0051　東京都新宿区西早稲田2-20-9
Tel　03-5291-6781　FAX　03-5291-6782　http://www.holp-pub.co.jp
印刷・製本　シナノ印刷株式会社

ISBN978-4-593-58742-1 NDC370 48P 29.7×21cm